イラストと事例でわかる！

保育所の子どもの「学び」まるごとガイド

新保育所保育指針対応！

無藤隆・汐見稔幸 編

塩谷香・矢藤誠慈郎・松永静子・大方美香・瀧川光治 著

学陽書房

子ども主体の保育を実現させるために

　保育所保育指針（以下、保育指針）では、児童福祉法の規定にあるように、「養護及び教育を一体的に行う」ことを保育所保育の特性としています。そして保育指針の改定において、その教育が「幼児教育」であり、幼稚園や認定こども園と共通であることが明確にされました。幼児教育は子どもの資質・能力を育成するものです。さらに、生涯にわたる生きる力の基礎を培うものでもあります。

　そもそも保育所の保育とは「子どもが現在を最もよく生き、望ましい未来をつくり出す力の基礎を培う」ものです。保育所における環境を通して、子どもの力の基礎を育成することは、子どもが環境にある様々な人やものと関わり、その主体としての思いや願いを発揮していくことを通して可能になっていきます。その関わりを通して子どもが経験し、長い目で見た育ちにつながっていくことは「学び」と言い換えることができるでしょう。

　保育指針では用語としては「学び」を使っていないのですが、子どもが環境に関わり育ちへとつながっていく際に経験することを、教育を子どもの視点から捉えるという意味で「学び」と呼ぶことができます。「学び」という用語を子どもの主体性の発揮と伸張に即して教育を捉え直すという意味で、本書では学校教育に限定せず、積極的に「学び」という言い方をしています。

　本書では、保育所保育における教育そして学びの意味を保育指針によりながら、さらに具体的な保育の中の子どもの活動の例を挙げながら解説しています。養護と教育、資質・能力、5つの領域、乳児保育の3つの視点、幼児期の終わりまでに育ってほしい姿（10の姿）など保育指針の中核となる考え方を具体的に理解できるように記述を工夫しました。

　本書を読み、ぜひ子ども主体の保育を実現することに役立てていただきたいと願っています。

白梅学園大学大学院特任教授

無藤　隆

保育所における子どもの「学び」を考える

　本書では、子どもの「学び」について、保育所保育指針（以下、保育指針）の内容に沿いながら考えていきます。

　保育所は「養護及び教育を一体的に行うこと」を特性とすると保育指針に定められています。これは1965年の保育指針作成時から明記され、保育所の養護的側面と教育的側面がともに必要だということが示されました。

　2017年の保育指針の改定では、保育所は幼稚園や幼保連携型認定こども園とともに、日本の大切な幼児教育機関として位置づけられました。

　教育性を大事にするということは、「子どもはあらゆる遊び、活動の中で多様な学びを行っている」ということを大事にし、その学びをていねいにサポートする営みとしての教育を考えるということです。

　本書では子どもの育ちのなかの、子どもの主体的な学びに注目して考えていきます。例えば、乳児保育における３つの視点は、身体的発達、対人関係、人間関係の３つのジャンルにおいて、０歳から１歳の子どもの一挙手一投足を学びだと捉える視点です。この３つの視点は相互に関わりあいながら、１歳以上の保育における５領域に繋がっていくものです。

　保育所保育は環境を通した保育です。子どもたちはあらゆる環境を通して学び、育っていきます。そのなかで保育者は、乳児保育の３つの視点、５領域、幼児期の終わりまでに育ってほしい姿、育みたい資質・能力などの視点によって子どもの発達を捉えていくことが大切です。それぞれの視点でどのような学びが子どもたちに生じているのか、その学びを助けるために保育者はどうすべきかを応答的・受容的に関わりながら考え、丁寧に実践していくことが保育であり、保育所における教育なのです。

　本書では、保育所保育指針の記載を手がかりに、具体的な事例を通して考えていきます。本書が、みなさんの日々の保育をより豊かなものとするために役立つことを願っています。

白梅学園大学・白梅学園短期大学名誉学長
汐見稔幸

もくじ

子ども主体の保育を実現させるために ……………………………………… 2
保育所における子どもの「学び」を考える …………………………………… 3

Chapter 1　保育所における教育と子どもの学び

「保育所における子どもの学び」が、なぜ大切なのか ……………………… 8
「育みたい資質・能力」と保育所における子どもの学び …………………… 10

Chapter 2　「養護と教育の一体的な展開」「幼児期の終わりまでに育ってほしい姿（10の姿）」と子どもの学び

POINT 1　養護と教育の一体的な展開とは ………………………………… 12
　〈0歳児の養護と教育の一体的な展開〉絵本と体験をつなげて「おいしいね！」… 14
　〈1歳児の養護と教育の一体的な展開〉
　　ごっこ遊びで身近な大人のようにふるまうBちゃん ……………………… 16
　〈2歳児の養護と教育の一体的な展開〉
　　ごっこ遊びで主張をし合うCちゃんとDちゃん ……………………………… 18
　〈3歳児の養護と教育の一体的な展開〉園庭で花びらを拾い集めるEちゃん …… 20
　〈4歳児の養護と教育の一体的な展開〉給食の前の時間がいやだと言うFちゃん …… 22
　〈5歳児の養護と教育の一体的な展開〉
　　シャボン玉遊びをするGちゃんとHちゃんたち ……………………………… 24

POINT 2　幼児期の終わりまでに育ってほしい姿（10の姿）……………… 26
　〈10の姿〉「健康な心と体」………………………………………………………… 28
　〈10の姿〉「自立心」………………………………………………………………… 30
　〈10の姿〉「協同性」………………………………………………………………… 32
　〈10の姿〉「道徳性・規範意識の芽生え」……………………………………… 34

- 〈10の姿〉「社会生活との関わり」 ……………………………………… 36
- 〈10の姿〉「思考力の芽生え」 …………………………………………… 38
- 〈10の姿〉「自然との関わり・生命尊重」 ……………………………… 40
- 〈10の姿〉「数量や図形、標識や文字などへの関心・感覚」 ………… 42
- 〈10の姿〉「言葉による伝え合い」 ……………………………………… 44
- 〈10の姿〉「豊かな感性と表現」 ………………………………………… 46
- **コラム** 10の姿と小学校との連携 ……………………………………… 48

Chapter 3 「乳児保育」「1歳以上3歳未満児の保育」「3歳以上児の保育」と子どもの学び

POINT 1 乳児保育の3つの視点と子どもの学び ………………………… 50
- 〈0歳児〉「健やかに伸び伸びと育つ」 ………………………………… 52
- 〈0歳児〉「身近な人と気持ちが通じ合う」 …………………………… 54
- 〈0歳児〉「身近なものと関わり感性が育つ」 ………………………… 56

POINT 2 1歳児以上3歳未満児における、子どもの学びと5領域 ……… 58
- 1歳児の「健康」 歩けて嬉しい！ ……………………………………… 60
- 1歳児の「人間関係」 ぽっとん遊びで、気持ちを伝える …………… 62
- 1歳児の「環境」 氷遊び、どんぐり集めを通した気づき …………… 64
- 1歳児の「言葉」 毎朝、「せんせー」「はーい」のあいさつを楽しむ …… 66
- 1歳児の「表現」 手洗いで水を観察する ……………………………… 68
- 2歳児の「健康」 自分もやってみたい！自分も遊びたい！ ………… 70
- 2歳児の「人間関係」 友だちにお弁当を作ってあげたい！ ………… 72
- 2歳児の「環境」 砂場でケーキを作ろう！ …………………………… 74
- 2歳児の「言葉」 友だちのけんかの仲立ちをする …………………… 76
- 2歳児の「表現」 リトミックを楽しむ子どもたち …………………… 78

POINT 3 3歳以上児の保育における、子どもの学びと5領域 ………… 80
- 3歳児の「健康」 園庭の環境を工夫して広がる三輪車遊び ………… 82
- 3歳児の「人間関係」 園庭の環境を使ったままごと遊び …………… 84
- 3歳児の「環境」 アリを見て言葉で伝え合う ………………………… 86

3歳児の「言葉」　見て！　虹が出てる！	88
3歳児の「表現」　この石は、おおきい、ちいさい	90
4歳児の「健康」　逆上がりできたよ！	92
4歳児の「人間関係」　積み木でかまくらを作ろう！	94
4歳児の「環境」　草花のこすり出し遊びをしよう！	96
4歳児の「言葉」　おたまじゃくしはどうやってカエルになるの？	98
4歳児の「表現」　泥だんご作りをしよう！	100
5歳児の「健康」　食事の時間に配膳当番をしよう！	102
5歳児の「人間関係」　ドッジボール大会に向けて	104
5歳児の「環境」　園庭で、茶摘みをしよう！	106
5歳児の「言葉」　今日の出来事を伝えよう！	108
5歳児の「表現」　キャンプで秘密基地を作って遊ぼう！	110
コラム　子どもの主体性とは？	112

Chapter 4　これからの保育で大切にしたい計画・評価、人材育成

これからの保育で大切にしたい計画の立て方と実践	114
事例　社会福祉法人 仁慈保幼園	116
事例　社会福祉法人 あすみ福祉会（茶々保育園グループ）	120
事例　文京区立お茶の水女子大学こども園	124

Chapter 1

保育所における教育と子どもの学び

保育所における教育とは何か、子どもの「学び」は
なぜ必要とされているのかを考えてみましょう。

「保育所における子どもの学び」が、なぜ大切なのか

保育所の教育的な役割がより鮮明に

　日本における保育は、近年ますます重要性を増しています。また世界的にも、変化の大きな社会を生き抜くために必要な力を子どもたちに育成することが求められています。

　保育所における教育については、保育所保育指針（以下、保育指針）作成時（1965年）から「養護と教育が一体となって展開される」とされていましたが、2017年の改定でさらに「幼児教育を行う施設」と規定され教育機能がより強調されるようになりました。

保育所における教育とは何か

　保育所における教育では「養護と教育を一体的に展開する」ことが大切で、この「教育」は、「発達の援助」であると同時に、「乳児保育の３つの視点」「５領域のねらい及び内容」によって「幼児期の終わりまでに育ってほしい姿」を考慮しながら実現されるものです。「発達の援助」のためのさまざまな働きかけが広い意味での「教育」で、学びに向かう子どもの活動へのさまざまな援助を通じて達成されます。

　「発達の援助」は「子どもができること」を指しがちですが、近年の心理学や教育学・保育学では「発達の援助」と「教育」「子どもの学び」が関わっているとされています。「発達の援助」は「学びへのさまざまな援助を通じて達成されていく」ということで、そのプロセス自体が子どもたちへの「教育」なのです。学びへの援助が発達への援助となる、その過程を「教育」と考えます。

子どもの「学び」とは何か

　保育所保育は「環境を通した保育」です。そこでの「学び」は、子どもたちが身の回りの環境に主体的に関わるなかで、自身の発達や興味・関心に合わせて環境をわがものとしていくことです。

　子どもたちはあらゆる行為を通して学んでいます。例えば、最初は積み木を積めなくても、何度もやってみるうちに積み方がわかるように、子どもは試行錯誤をしたり頭の中で考えたりすることで新しい知識やスキルを獲得し、やりたいと思ったことを今までよりも楽に、そして高いレベルでできるようになります。このプロセスが「学び」なのです。

　保育におけるすべてのヒト・モノ・コトが環境ですが、子どもが環境に積極的に関わり、子どもの発想が生かされることで学びが生まれ、「子どもの主体性を育てること」「遊びを大切にすること」にもなります。

　子どもの新しい発見や「学び」を支えるために、保育者の「子どもは何を必要としているのだろう」という共感的な眼差しや姿勢、受容的・応答的な対応が大切です。このような環境や関係により、子どもの「学び」は豊かになり発達が促されます。

保育の質の向上を考える

　保育指針の改定の内容を保育実践に生かして、保育の質の向上につなげることが大切です。子どもの理解をふまえて、「養護と教育の一体的な展開」「乳児保育の3つの視点」「5領域」「幼児期の終わりまでに育ってほしい姿」を結びつけ、0歳から5歳への発達の連続性の中に位置づけて実践し、その保育の内容を評価します。この保育の営みすべてが「子どもの学び」を支え、「育みたい資質・能力」を育んでいくことになるのです。

「育みたい資質・能力」と保育所における子どもの学び

発達の連続性を捉え、子どもの「学び」を支える

　2017年の保育所保育指針の改定で、保育所は幼児教育機関として位置づけられ、幼児教育は小学校以降の教育とつながることが明示されました。子どもの育ちについても、「育みたい資質・能力」を中心とする考え方によって、乳児保育と幼児教育は、小学校以降の学校教育と共通する力を育成することになりました。本書で紹介する事例は、「育みたい資質・能力」の「知識・技能の基礎」「思考力・判断力・表現力等の基礎」「学びに向かう力・人間性等」へとつながるものです。

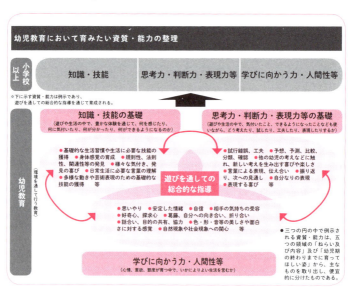

文部科学省「幼児教育部会における審議の取りまとめ（平成28年8月26日）」より改変して引用

Chapter 2

「養護と教育の一体的な展開」「幼児期の終わりまでに育ってほしい姿(10の姿)」と子どもの学び

具体的な事例を通して子どもの「学び」を考えます。「養護と教育の一体的な展開」や「幼児期の終わりまでに育ってほしい姿（10の姿）」に着目して考えてみましょう。

POINT 1

〚 養護と教育の一体的な展開とは 〛

😊 養護は、保育における最も大切な原理・原則

　2017年の保育指針の改定では、〈第1章　総則〉に〈2　養護に関する基本的事項〉が示されました。総則という保育の原理・原則を示す章に示されたことで、「養護」は保育における大切な原理・原則のひとつとして改めて位置づけられました。

😊 養護とは何か

　「養護」とは「生命の保持及び情緒の安定」と定義されています。今回の改定では、発達過程の最も初期に当たる乳幼児期には「生命の保持及び情緒の安定」という養護的な働きかけや環境づくりが特に重要であることと、「養護と教育の一体的展開」という養護と教育の一体性を強く意識することの大切さが改めて強調されています。

　それでは養護とは具体的にどのようなことでしょうか。子どもの育ちは多様で、子どもの家庭状況もさまざまです。保育所に登園する子どもは、楽しみながら登園する子もいれば、家庭の状況などにより不安な気持ちで登園する子もいるでしょう。いろいろな事情がありますが、保育所ではすべての子どもが安心して過ごせるよう、子どもの気持ちに寄り添い、子どもの生活状況や実態に合わせて、気持ちが落ち着いて、安心し、そして前向きになるような雰囲気づくりとそのための働きかけ、子どもたちの気持ちを満たすような応答をすること、これが「養護」です。

Chapter 2 「養護と教育の一体的な展開」「幼児期の終わりまでに育ってほしい姿（10の姿）」と子どもの学び

保育の中で養護と教育が一体的に展開されるとは

　養護は、個別の対応だけではなく「養護的な環境」「養護的な雰囲気」も意味します。子どもが「ここに来るとほっとして落ち着くなぁ」と感じられる環境や雰囲気をつくるものです。保育者自身も人的環境です。指示や禁止の言葉ではなく、穏やかで心地よい応答や共感を主体とした言葉を使うこと、子どもの前では相手が安心するようなよい表情ができているということも大切です。

　子どもが安心して過ごせるようにするには、乳幼児期の保育では、保育者が常に子どもの安心を保障するための基地になっている、という関係性がとても大切です。子どもを「保」護（養護）し教「育」することが「保育」なのです。

　このような環境によって、子どもと保育者との愛着関係や信頼関係が育まれていき、子どもの自尊感情が生まれます。「子どもは何を必要としているのか」というアセスメント的な視点で、かつ、その子の持っている人間的可能性を信じて、観察することが必要です。そうすることで、子どもが求めているものを感じ取り、的確かつ共感的に応答することができます。このような受容的で応答的な営みこそが、保育の基本であり「養護と教育の一体的な展開」ということなのです。

〈0歳児の養護と教育の一体的な展開〉
絵本と体験をつなげて「おいしいね！」

ここがポイント！
- 子どもの発達と興味関心が関わっていることに気づく
- 子どもが主体的に周囲の環境に関わる様子をよく見る
- 子どもの関心に合わせて言葉をかける

事例　くだものの絵本で楽しく遊ぶ0歳児Aちゃん

　Aちゃんは、手づかみ食べがうまくできるようになってきていて、最近ではスティック状のトーストやキュウリ、リンゴなどを手に持って食べています。また、さかんにつかまり立ちをするようになっているものの、まだ移動はハイハイで、素早くあちこちを探索しています。

　ある日、ハイハイで絵本コーナーに移動していったところに、広げたままのくだものの絵本がありました。ハイハイの姿勢のまま、その絵本のりんごのページを見ているようでした。「チュパチュパ」と舌を鳴らし、よだれが垂れています。「Aちゃん、おいしそうなりんごだね」と保育者が声をかけながら、抱っこで一緒に絵本を見ます。絵本からつまみ上げるようにして「はいどうぞ」と顔に近づけると、口を動かしていました。

　保育者はAちゃんが絵本のりんごを見て、食べているつもりで楽しんでいることに驚きます。Aちゃんなりのイメージに沿うように「おいしいね」「りんごだね」など言葉をかけながら、絵本を読み進めると、Aちゃんは「オー」と声を上げながら全身を上下して喜んでいます。ときどき指差ししたり、保育者の顔を見たりしながら満足した様子でした。

　このように、保育の環境によって表れる子どもの育ちの姿があります。見過ごしてしまっている発達の姿がないか、保育を見直すことが大切です。

Chapter 2 「養護と教育の一体的な展開」「幼児期の終わりまでに育ってほしい姿（10の姿）」と子どもの学び

学びにつながる保育のポイント

生活の中での遊びを通して、見通しやイメージが育つ

9か月を過ぎる頃から、自分の生活体験に基づく見通しやイメージをもつようになってきます。毎日の生活の中でくり返し読み聞かせをしてもらう絵本や歌・手遊び、生活の再現遊び（ままごとなど）がとても重要です。子どもたちの中にどのような見通しやイメージが育ってきているのか、どんなことが楽しく、意欲を引き出すものとなっているのかなど遊びや生活の中での丁寧な観察が欠かせません。

発達にふさわしい教材の用意が大切

発達にふさわしい学びのための環境を子どもの視線に合わせて、用意するようにします。自分が働きかけると変化するものやイメージをかき立てるような絵本やままごとなど、子どもの成長に合わせて変えていくようにします。

援助のポイント　子どもが楽しみながらイメージを広げられるような言葉かけ

絵本の読み聞かせやままごと遊びを一緒に楽しむような場面でも子どものイメージを言葉にし、イメージを補うことやはっきりとさせることが重要です。一緒に楽しさを共有しながらも、保育者の言葉や行動で子どもの理解が進んでいくことを意識しながら、わかりやすくはっきりとした言葉で話しかけます。このことは、言葉の獲得という点でもとても重要なポイントになります。子どもがイメージを広げられるような、はっきりした言葉選びを心がけましょう。

〈1歳児の養護と教育の一体的な展開〉
ごっこ遊びで身近な大人のようにふるまうBちゃん

ここがポイント！
- 子どもの遊びに表れる興味関心を捉える
- ごっこ遊びをする子どもの姿を見守りながら発達を知る
- 子どもと保育者との関わりを意識して捉え直す

事例 「ねんね、はずしょうね」1歳児Bちゃん

　Bちゃんは人形を相手に、お母さんや保育者のようにふるまいながらごっこ遊びを楽しんでいます。人形を寝かしつける場面がとても好きなようで、起こしてはまた人形を布団に寝かせて背中をさすっていました。

　Bちゃんは人形を起こすと、「着せて」と言うように保育者のところに人形と上着を持って来ました。「さっきも着せてあげたのに、どうしてすぐに脱がせてしまうのだろう」と保育者は不思議に思い、寝かしつけるBちゃんの様子を見ることにしました。

　保育者は、Bちゃんが「ねんね、はずしょうね」（ねんねのときは外そうね）と言いながら、寝かせた人形の上着を脱がせている姿を見て、午睡のときに安全な睡眠環境を整えるために、子どものスタイ（よだれかけ）など首回りのものを外していることを思い出しました。Bちゃんは、保育者が自分にしていることを再現しているのだと思うと、ほほえましくなりました。

　子どもたちの生命を守り、子ども一人ひとりが快適に安全に過ごせるように、保育者はさまざまなことを行っています。この事例では、その意味は理解していないかもしれませんが、いつも保育者が自分にしてくれる関わりを、子どもが人形との遊びの中で再現しています。保育者の姿をよく見ているのだと感心させられます。

学びにつながる保育のポイント

生活で繰り返されることを やってみようとする

毎日の生活の中でくり返されるルーティンワークの意味を子どもなりに理解し、自分でやろうとする気持ちも芽生えてきます。興味をもってじっと観察したり、意味を伝えられることで理解が進み、子どもなりの見通しをもって再現したり行動したりしようとします。再現することによって学習しているのです。遊びの中でも生活の中でも見られる姿です。

子どもが再現しやすい 環境を整える

生活の再現を試行錯誤しながら十分に楽しめる環境設定をします。この時期に自分がやってもらっていることを人形に再現することなどがさかんになります。ままごと遊びには扱いやすい人形やぬいぐるみなど子どもたちが親しみをもって遊べるものを、取り合いなどのトラブルがなるべく起こらないようにするためにも、複数用意しましょう。

援助のポイント 見守り、イメージを補うような言葉をかける

子どもがイメージをもって遊んでいるときには、まずは見守りましょう。きっとこう考えて遊んでいるのかも、と観察しているとわかってくるので、子どものイメージを補い、明確にできるようなわかりやすい言葉をかけます。保育者が自分の思いをわかってくれたことを子どもはとても喜ぶので、生活の安定にもつながるのです。

〈2歳児の養護と教育の一体的な展開〉
ごっこ遊びで主張をし合う CちゃんとDちゃん

ここがポイント！
- 子ども同士の関わる様子から発達を知る
- 子ども言葉や行動の背景に何があるのかを考える
- 子どもの気持ちを受け止めながら援助する

事例　青いバッグをめぐって2歳児CちゃんとDちゃん

　2歳児の保育室では、さかんにごっこ遊びが展開されています。一人ひとりが自分の生活の再現をするばかりでなく、友だちや保育者の行動も興味津々の様子で見ています。洋服やバッグ、食器などの必要な道具や自分の見立てでブロックを使うなど、さまざまに楽しんでいます。

　布製のバッグに絵本やままごとの食器などをたくさん入れて「いってきまーす」と出かけていくごっこ遊びの姿が、ここ最近よく見られます。「どこ行くの？」と保育者が声をかけると、「○○こーえん」「○○ストア（近所にあるスーパーマーケット）」など口々に行き先を言います。Cちゃんも青いバッグにぱんぱんにものを入れて出かけようとしたところ、それを見ていたDちゃんが後を追いかけ、バッグを取ろうとしました。Cちゃんは取られまいと必死に引っ張ります。ひっかき合いになりそうだったので、保育者が間に入り、「Cちゃんが使っていたよ」とDちゃんに伝えても「青いの！　青いの！」と主張して、なかなかあきらめません。

　青いバッグは他にも同じものがありましたが、Dちゃんにとってはcちゃんの今使っているそれがほしい、という強い思いがあったようです。友だちの遊びを魅力的に感じるようになり、同じように遊びたいという気持ちが強くなっているのだなと感じました。

学びにつながる保育のポイント

相手にも思いがあることに気づく

一人ひとりのイメージで遊ぶ再現遊びよりも、友だちや保育者と一緒に遊ぶことが次第に楽しくなってくる時期です。気の合う仲よしの相手ができるのもこの頃ですが、トラブルも増えてきます。保育者が中立の立場でお互いの思いを相手に代わって伝え続ける仲立ち役をすることで、「相手にも思いがあること」に気づき、ゆずったりゆずられたりすることで感情をコントロールするなど、人との関わり方を学ぶことができます。

子どもたちの興味に合わせた、自分でできる環境を整える

ごっこ遊びの展開がより多様になってくるので、子どもたちの興味に合わせて作業台や道具、エプロン、洋服などをそろえましょう。子どもたちが自分で出し入れがしやすく、片付けが楽しくなるような置き方や整理の仕方を工夫してください。

援助のポイント　子どものイメージを言葉にし、子ども同士が関われるように言葉をかける

友だちの遊びに興味が出てくるので、少しずつ関われるように声をかけていきます。保育者が「どこへ行くの？」「やさいはありますか？」など、遊びのイメージがはっきりとして楽しくなるような言葉をかけて遊びが盛り上がってきたら、「○○ちゃんは△△しているのかな？」など友だちのしていることに目が向くようにしていきます。

〈3歳児の養護と教育の一体的な展開〉
園庭で花びらを拾い集めるEちゃん

ここがポイント！
- 新入園児の不安な気持ちに寄り添う
- 子どもが関心を示した瞬間を見逃さない
- 子どもの関心に寄り添いながら遊びが広がるように援助する

事例 「今日もお花を集める」3歳児Eちゃん

　3歳の新入園児Eちゃんは、保護者を思い出しては涙ぐみ、保育者のそばをなかなか離れられない日が続いていました。ある日、園庭の門のところにジャスミンの花がたくさん落ちているのを、じっと見ていました。しばらくすると花びらを拾い始め、砂場の容器に入れています。保育者がビニール袋を渡すと、もっと多くの花びらを拾い集めるようになりました。

　それから数日間、「今日もお花を集める」という期待をもって登園し、ビニール袋いっぱいに花びらを入れていました。はじめは一人で集めていましたが、その姿を見ていた周囲の子どもたちが話しかけ、少しずつ会話や関わりが見られるようになりました。そのことがきっかけで園の生活に慣れていくことができたのです。たくさん集めた花びらを、迎えに来た母親に見せると「泣いてばかりかと思ったけれど、保育園で遊べているのですね」と安心したようでした。

　子どもたちには、「安心・安定できる人とのつながりや居場所の存在」が必要です。子どもがふとした「もの」や「こと」に心を動かされ、興味・関心をもった身近な環境と関わり始めることで、「安心や安定」を手に入れることがよくあります。そのためには、身近にあるものと存分に関わることができる時間や空間が必要です。

学びにつながる保育のポイント

新しい環境で子どもが自分から働きかける

入園してすぐの頃は、まだ自分の生活基盤がしっかりとできていません。保育者との信頼関係もこれからです。そうした中でも子どもたちは、自分の遊びや居場所を探ろうと懸命です。保育者の支えを得ながらも周囲の環境に自分から働きかけていくことを試行錯誤することで生活が安定していきます。

子どもがどのように自然に出会うのか考える

子どもが働きかけたくなるような環境設定が重要です。特に自然物は色や形、匂いや触り心地など、子どもにとってこれ以上のものはない素晴らしい教材です。子どもがどのようにして自然と出会うか、どのように関わらせるか、時間や空間の構成も含めて考えていく必要があります。

援助のポイント 子どもを見守りながら、関心を見逃さずに働きかける

生活になじんでいくEちゃんの様子をよく観察し、周囲の環境に興味や関心をもったそのタイミングを見逃さずに働きかけたことがきっかけで、変化が起きました。遊びが深まったことで周囲との関わりも増えていきました。ここからも、よく見てタイミングよく働きかけることが大事なことだとわかります。

〈4歳児の養護と教育の一体的な展開〉
給食の前の時間がいやだと言うFちゃん

ここがポイント！
- 子どもの家庭での様子を保護者からよく聞いて判断する
- 子どもの様子をよく観察し、難しさが解決できるように援助する
- 子どもの家庭での生活と園の生活の違いを考える

事例　「どうやって水を出すの？」4歳児Fちゃん

　4歳児になって母親が仕事を始めたため、保育所に入園してきたFちゃん。入園してすぐに、保育所の生活にも慣れることができました。

　しかし3週目に入り、母親が「Fが、保育所は楽しいけれど、給食の前がいやだと話すのですが、給食の前に何かするのでしょうか」と尋ねてきました。「特に特別なことはしていないのですが、給食の前は着替えやトイレでざわざわするので、それが苦手なのかもしれません」と答えました。

　気になったので、給食前のFちゃんの様子を見ていると、手洗い場の前に並び、自分の番が来ると手を出してそのまま動かないでいます。後ろに並んでいる子どもに「早くして」と言われ、悲しそうに順番を譲っていました。Fちゃんに「どうして手を洗わないの？」と尋ねると、「だって水が出ない」との返事でした。手洗い場のところに連れて行き、「こうすると水が出るのよ」と蛇口をひねって水を出すと、Fちゃんは目を見開いて驚いていました。

　Fちゃんの母親にそのことを伝えると、「家のは手をかざすと水が出る蛇口なのです」とのことでした。1歳児後半や2歳児には、保育者が蛇口をひねってみせたり、手を添えて一緒に水を出したりしていましたが、4歳児で入園したFちゃんには、伝え忘れていたことに気がつきました。

学びにつながる保育のポイント

意識して見せたり伝えたりする大切さ

「手をかざせば水が出る」「その場に行けば照明がつき、離れれば消える」など、現在の家庭での生活は技術の発達により様変わりしています。園での生活を当たり前と思わず、各家庭と保育所の環境の差を考慮して、援助することが大切だと考えさせられます。

どうすればできるのか、試行錯誤は大事ですが、やはり意識して見せる、説明するなどは必要でしょう。特に入園時は、家庭と連携して認識を共有していくことも必要です。

保護者の言葉をヒントによく観察し援助する

「給食の前がいやだと言っていた」という母親の言葉を参考に、何が起きているのかを観察したことは正解です。子どもが言葉にできなくても、よく観察して対応することで、子どもが何に難しさを感じているのかがわかり、より適切な援助ができます。

援助のポイント 子どもが納得してできるように援助を行う

毎日の習慣であれば4歳児ともなるとほぼできてきますが、雑さも目立ってきます。丁寧に手を洗うことや、服でふいたりせずハンカチやタオルを使うことなども身につけることが必要なので、どこまでできているのか、細かくよく見ていくことが必要になります。また、なぜその習慣が必要なのか、子どもが納得できるように説明していくことも大切です。

〈5歳児の養護と教育の一体的な展開〉
シャボン玉遊びをする
GちゃんとHちゃんたち

ここがポイント！
- 子ども同士のやりとりを見守りながら一人ひとりの学びを理解する
- 子どもの経験を生かした遊びの発展
- 新たな学びのための環境の再構成

事例　「シャボン玉は風で作れる」5歳児GちゃんHちゃん

　3歳児のシャボン玉遊びを見て、5歳児のGちゃんとHちゃんが、「自分たちもシャボン玉をしたい」と保育者に言いに来ました。シャボン玉遊びに興味をもった子どもは8人に増え、いろいろな太さのストローを使ってシャボン玉を飛ばし始めます。ストローの先に切り込みを入れるとシャボン玉を作りやすいこともわかり、はさみで切り込みを入れたり、斜めに切り落としたりして試しています。

　さらに新たなシャボン玉を作る方法を知らせるために、保育者が造形素材のモールを用意しました。Gちゃんが「見たことがある」と言い、モールを曲げて輪と持つところを作り、縁が低い皿にシャボン玉液を入れ、モールをつけて振ってみます。何回かくり返してシャボン玉ができると、子どもたちは歓声をあげ、真似して同じようにモールで作り始めました。

　この日は風が時折強く吹き、シャボン玉が風に流されていきました。モールを持ち上げた瞬間に輪に風があたり、偶然シャボン玉ができたHちゃんは「風がシャボン玉を作ったよ」と話します。他の子どもたちも、しばらくその様子を見て、意味がわかったようです。自分たちもモールを持ち上げ、風を待ちます。そのうち何人かのモールにシャボン玉ができ、「息で吹くのと風が吹くのが同じなんだね」という声が聞かれました。

学びにつながる保育のポイント

自分の経験を遊びに生かし、友達に伝える

ストローの太さや切り込みを入れる工夫などによってシャボン玉の出来が違うことがわかっており、自分たちの経験を遊びに生かしていることがわかります。偶然の発見から次の学びにつながり、さらにそれを共有することで、楽しさがより大きなものになり、もっとやりたいという意欲が高まります。

新たな学びのために環境を再構成する

新たな学びのためには、新しい教材や道具を準備することで遊びを発展させること、ときには遊び自体を変える必要もあります。よいタイミングで新しい教材を示すなど、子どもたちのペースに合わせて環境の再構成をしていきます。

援助のポイント　子どもの興味や関心を知り、やりたいという気持ちを受け止める

子どもたちのやりたいという気持ちをまずは受け止めながら、どうしたら楽しくなるか（楽しい学びにつながるか）を考えていく必要があります。それには子どもたちが今何が楽しくてどんなことに興味や関心をもっているのかを知っていることが不可欠です。一人ひとりの育ちを読み取ること、教材研究をさらに進めることが大事です。

POINT 2

幼児期の終わりまでに育ってほしい姿（10の姿）

子どもたちの姿の10項目

　p.10にあるように、「育みたい資質・能力」は、保育内容の5領域におけるねらい及び内容に基づく活動全体によって育むものです。その資質・能力が保育内容のねらい及び内容の中でどのように伸びていっているか、を示すものが「幼児期の終わりまでに育ってほしい姿」（10の姿）です。

　10の姿は、保育所や認定こども園の6年間で、幼児教育が最終的に向かっていくであろう方向として示されました。これは5領域の内容を整理して、また、育みたい資質・能力の三つの柱をふまえて、卒園までに育ちが期待される姿、保育者が重点的に指導したい姿を具体的に示したものです。

　「健康な心と体」「自立心」「協同性」「道徳性・規範意識の芽生え」「社会生活との関わり」「思考力の芽生え」「自然との関わり・生命尊重」「数量や図形、標識や文字などへの関心・感覚」「言葉による伝え合い」「豊かな感性と表現」という10項目で示されています。

子どもの育ちの到達目標ではない

　10の姿は、5歳児修了時までにできるように育てなくてはいけないという到達目標ではなく、子どもたちはこのように育つだろうという方向性です。子どもの発達から考えると、10の姿の達成は容易くはありません。5歳児後半で、おそらくある程度できるだろうという姿ですので、100点満点の子どもはまずいないということを理解しておきましょう。

Chapter 2 「養護と教育の一体的な展開」「幼児期の終わりまでに育ってほしい姿（10の姿）」と子どもの学び

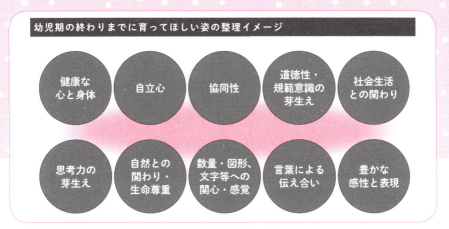

文部科学省「幼児教育部会における審議の取りまとめ」（平成28年8月26日）より改変して引用

　「育ってほしい姿」とあるのは、5歳児までの、さらに、5歳児以降の長い育ちの中でそのような方向に向かうことへの期待を意味しています。

　10の姿は、保育所保育の6年間をかけ、育みたい資質・能力の三つの柱を目指し、かつ、5領域のねらい及び内容に基づいて乳幼児期にふさわしい生活や遊びを積み重ねることによって育まれていく姿です。

　そのため保育をふり返る際には、10の姿の各項目だけに注目するのではなく、育みたい資質・能力の三つの柱に向かっているか、5領域のねらい及び内容との関連はどうか、という複数の視点で子どもの姿を捉えることが大切です。一人ひとりの発達に必要な体験が得られるような環境づくりや、必要な援助を行うための評価項目として、10の姿を活用し、保育の評価・改善ができるようにしましょう。

小学校との接続も大切

　小学校との接続をスムーズにするために、保育所、幼稚園、幼保連携型認定こども園の幼児教育機関と小学校が情報を共有していきます。

　小学校の先生との合同勉強会や交流などを通して情報を共有し、子どもたちの姿を受け渡し、10の姿を継続して育てる環境を整えることも大切になってきます。

〈10の姿〉「健康な心と体」

ア 健康な心と体：保育所の生活の中で、充実感をもって自分のやりたいことに向かって心と体を十分に働かせ、見通しをもって行動し、自ら健康で安全な生活をつくり出すようになる。

ここがポイント！

- 「自分のやりたいこと」であること
- 体だけでなく心も十分に働かせる
- 健康で安全な生活を自らつくり出す

事例　起伏のある園庭を駆け回るAちゃんの姿（5歳児）

　園庭には小さい山が造られています。その形はやや複雑で、油断すると大人でも足を取られそうです。運動が得意な子どもは軽々とジグザグに駆け上ったり、駆け下りたりしています。Aちゃんは少し怖がりで、滑って転びそうなその山に全速力で向かっていくのに躊躇しています。傾斜の緩やかなところを、少し笑顔を見せながらゆっくり走っていますが、軽々と走る子どもたちを横目に見ています。走り方を観察し、また、挑戦への勇気を固めているようです。

　比較的まっすぐに走りやすいルートを確かめながら、まずはゆっくりと駆け上り、駆け下ります。そのまま園庭を小さく一回りしてから、その勢いで思い切って速度を上げて駆け上ります。「できた」という小さな達成感が「できる」という自信に少しずつ変化していることが、同じ真剣な表情でも、緊張と不安を伴うものから充実感に満ちたものに変わっていることからも見て取れます。

　何度かくり返し、今度は、くぼみのあるコースに挑戦し出しました。慎重な速度ですが、表情を見ると新たなチャレンジにこれまでにない充実感を味わっているようです。ときどき滑ってバランスを崩しますが、体勢と気持ちを瞬時に立て直して挑戦を続けます。コースはより複雑に、そしてずいぶん速くなってきました。

　しばらくすると駆け下りてそのままテラスに向かい、水筒のお茶をごくごく飲み、またさっそうと山に向かっていきました。

Chapter 2 「養護と教育の一体的な展開」「幼児期の終わりまでに育ってほしい姿（10の姿）」と子どもの学び

😊 学びにつながる保育のポイント

やりたいと思ったことに向かって心と体を動かす

やらされるのではなく、子ども自身がやりたいと思ったことに向かって、心と体を十分に働かせることが大切です。そのことが充実感につながり、それが心と体をさらに十分に働かせることにつながります。健康とは単に訓練により運動ができるようになるといったことだけではなく、心が充実していくという側面もあることに注目するとよいでしょう。

気づいて見通しをもつ

遊びを深めながら、こうするとこうなるのではないかと見通しをもつようになり、それが自分への期待となって、目の前の課題に立ち向かう気持ちを高めていきます。

また、日ごろの生活から自分の心と体の状態に気づき、必要なときには休んだりお茶を飲んだりして、体と心を休めることで、また生き生きと活動するようになります。

援助のポイント　子どもの挑戦する心が動かされるような環境を

保育者は、子どもが思わずそうしたくなる、挑戦する心が動かされるような環境を構成します。子どもの姿を観察・記録しながら、子どもが何に挑戦したいと感じているかを見出すことがそのきっかけとなります。保育者がさせたいことを子どもの様子に関わりなくさせれば、体は動かしていても、心が動いていないという状態にさせかねません。また、手洗いも水分補給も、日々の保育の中でその意味を伝えながら促すことが、子ども自身の力につながります。

〈10の姿〉「自立心」

イ 自立心：身近な環境に主体的に関わり様々な活動を楽しむ中で、しなければならないことを自覚し、自分の力で行うために考えたり、工夫したりしながら、諦めずにやり遂げることで達成感を味わい、自信をもって行動するようになる。

ここがポイント！

- 環境に主体的に関わる
- 自分の力で行うために試行錯誤する
- 諦めずにやり遂げる

事例　長い川を作りたいBくんとCくんの姿（4歳児）

　BくんとCくんが砂場で遊んでいます。作った山をスコップの背でたたきながら「こうやると固くなるよ」などとお互いに砂の性質などについての気づきを共有しながら、遊びを広げています。山に溝を掘って水を流してみて、そのままでは水がしみ込んでなくなってしまうことに気づき、「水をたくさん流してみよう」「もっと山を固くしよう」などと言いながら試行錯誤して、川を作ることをやり遂げます。

　今度は川をできるだけ長くしたいという気持ちを共有して、2人で新たな試行錯誤が始まりました。さらに高くなった山からの水路を徐々にのばして、ある程度の長さになったところで、Bくんが確かめるように水を流してみます。50cmほど流れたところで水が滞りました。「流れない！」とCくん。「もっと深くしないと」と掘りますが、なかなか思うようにいきません。見守る保育者に頼らず2人で相談し合いながら、「ちょっとずつ斜めにすれば長い川になる」と気づいて、角度を調整したり、さっきのことを思い出したのか、川の底をスコップでたたき固めたりしながら、2mくらいまで川をのばして、その先に深いくぼみを作りました。たっぷり水を入れたじょうろの先を外して、砂が崩れないように慎重に、でも、ある程度の勢いで水を流します。すると、見事に川が流れて、その先に池ができました。2人は保育者を見上げてにっこり笑いました。

Chapter 2 「養護と教育の一体的な展開」「幼児期の終わりまでに育ってほしい姿（10の姿）」と子どもの学び

学びにつながる保育のポイント

子どものやりたいことで試行錯誤するようになる

子ども自らが身近な環境に主体的に関わることが大切です。身近な物事に興味・関心をもつと、それがやってみたいという気持ちにつながります。自分からやりたいと感じたからこそ、自分で最後までやりたいという気持ちがわくのです。そして、どうしたらできるか試行錯誤をしてみる態度が身についていくのです。

子どもが自分なりに「できた！」と感じられる

子どもが自ら「やりたい」と思ったことを、自分なりに試行錯誤して、最後までやり遂げることが大切です。大人が考える成功ではなく、子どもが自分なりにできたと感じられればよいのです。子どもは日々の遊びの中で、小さな「できた！」をたくさん経験します。小さなことでよいのです。それこそが自立の基盤となります。

援助のポイント　子どもが心を動かしたことを共感的に認める

子どもが身近な環境に主体的に関わるようにするには、子どもの心を動かす（なんだろう、なぜだろう、おもしろそう等）環境、子どもが感じたことや思ったことを安心して伝えることができる環境、子どもが感受したことが保育者に共感的に認められる環境になっていることが大切です。そして、自分なりに試行錯誤することが許されていなければなりません。できたかどうかよりも、試行錯誤の過程が十分に保障されることがポイントです。

〈10の姿〉「協同性」

ウ 協同性：友達と関わる中で、互いの思いや考えなどを共有し、共通の目的の実現に向けて、考えたり、工夫したり、協力したりし、充実感をもってやり遂げるようになる。

ここがポイント！

- 互いの思いや考えなどを共有する
- 共通の目的ができる
- 共有した目的に向けて協力し合う

事例　アイドルのコンサートを企画する姿（5歳児）

　5歳児の女の子の仲良し5人組が横一列に並んで、「ごきげんよう」とスカートをつまみ、腰を落として挨拶をすることがブームになっていました。保育者が「アイドルですか？」と投げかけてみると、口々に「アイドル！」「アイドルになりたい！」と言い始め、さっそく活動が始まりました。

　何が必要かアイデアを出し合い、マイク、衣装、招待状などさまざまなものを作り始め、さらにみんなで相談しながら、歌う曲やその順番、「キャンディガールズ」というグループ名やそのマークを紙に書き始めました。「うたのほん」を作り、決めポーズも決まりました。保育室で開くコンサートでは、シャボン玉を飛ばす係の子どもたちも出てきました。

　途中、リーダーのDちゃんとメンバーのEちゃんの意見が食い違って言い合いになりました。Dちゃんが泣くのを男の子が泣きまねをしてからかうと、Eちゃんが「そういうことはしちゃダメだよ！」と言ったことから二人は自然に仲直り。他のメンバーも「Dちゃんが泣いてたら始まらないよ！」と励まします。

　クラスの友だちも巻き込み企画を進め、一緒に考えて決めたことを紙に書き出して共有しました。1人5枚ずつ画用紙で作ったサイン色紙を用意し、他のクラスにも宣伝をして開いたコンサートでは、握手会をしてサインを配りました。

　この活動は、他のクラスにも多くのアイドルグループを発生させ、クラスを超えた「卒園ライブ」につながっていきます。

学びにつながる保育のポイント

客観的な視点で考えられるようになる

話し合いなどを通じて友達と一緒に取り組むことで、徐々にイメージを共有し、自分のしたいことから「自分たちがしようとしていること」という感覚をもつようになります。その目的のために「自分がしたほうがよいこと」や「自分がするべきこと」という、より全体を見渡した視点で考えられるようになります。

自分に何ができるかを考えられるようになる

「自分たちがしようとしていること」という共通の目的を実現するために、子どもたち一人ひとりが、自分が何をしたいかだけでなく、何ができるかという観点から、自分のすることを考えて、自ら試行錯誤することを学んでいきます。また、みんなでより楽しく取り組むためにはどうしたらよいかを工夫するようになります。

援助のポイント 子ども同士のやりとりにつながる言葉かけや問いかけを

保育者のちょっとした言葉かけや問いかけが、子どもの心を動かし、周囲の子どもたちにも波及して、みんなでやりたい遊びにつながっていきます。子ども同士で話し合う機会を重ねて互いの思いや考えなどを伝え合い、共有することで、それぞれの目的意識が重なり合い、その輪郭が明確になります。また、その遊びに何が必要か、意見をあれこれと交わし合うことは、一人ひとりの貢献を引き出すことにつながるでしょう。

〈10の姿〉「道徳性・規範意識の芽生え」

エ 道徳性・規範意識の芽生え：友達と様々な体験を重ねる中で、してよいことや悪いことが分かり、自分の行動を振り返ったり、友達の気持ちに共感したりし、相手の立場に立って行動するようになる。また、きまりを守る必要性が分かり、自分の気持ちを調整し、友達と折り合いを付けながら、きまりをつくったり、守ったりするようになる。

ここがポイント！

- さまざまな体験から自分の行動を振り返り相手を思いやる
- 気持ちを調整して友だちと折り合いをつける
- きまりをつくったり、守ったりする

事例　戦いごっこのルールをつくっていく姿（5歳児）

　5歳児のクラスの男の子たちはヒーローへのあこがれが強く、戦いごっこが流行っています。しかし、パンチやキックが相手に当たってしまってトラブルになることが増えてきました。

　攻撃が当たってしまったときに、保育者が「今の痛さは数字で言うとどれくらい？」と聞くと、子どもたちは「ちょっと当たったけど全然痛くないから痛さ1！」「痛さ0、当たったまねっこで本当は当たってないよ」などと答えます。

　翌月には痛さ＝レベルとして子どもたちに定着していました。Fくんが「レベルが高いと力が強いんだ！　強い敵が倒せるんだ！」と言うので、保育者が「友だちとの戦いで力が強いのはどうなんだろうね？　レベルの低い戦い方はどういう感じかな」と問いを投げかけると、子ども同士意見を交わし合い、「レベルが0だと痛くない」「レベルが高いと痛くなるしけんかになる」「レベル0のほうがいい」「痛さ0のレベルを高くしたらいいんじゃない？」などと話が展開しました。最終的に、レベル0が「パンチやキックがいたい。けんかになるたたかいかた」、レベル1が「たたかった手がいたい」などと具体的に決めて書き出していき、レベル15「ともだちのことをかんがえて、いたくないたたかいかたができる」まで決めました。子どもたちはレベルアップを目指し、痛くない戦い方に気をつけるようになりました。

学びにつながる保育のポイント

葛藤の経験から、相手の立場に立つという視点に気づく

友だちとのさまざまな体験を通じて、自分が押し通したい思いと相手の思いとの間で、そして素直な感情とわかりはじめた理屈との間で、子どもは葛藤を経験していきます。この葛藤をどのように乗り越えると楽しくなるかを考える中で、相手の受け止め方に思いを馳せるようになり、相手の気持ちを思いやることにつながっていきます。

ルールへの気づきから、フェアに遊び健全に競争することを学ぶ

ルールの存在に気づき、それぞれが思いを主張し合うよりも、約束事をお互いに守ることで、遊びがより楽しいものとなることを学びます。こうした経験から、子どもたちは自己調整をするようになり、自分の気持ちに折り合いをつけるとともに、友達と折り合いをつけながら、共によりよく生活することを学びます。

援助のポイント　子どもたちが自分で気づけるように、見守り働きかける

道徳性や規範意識は、与えられたルールを忠実に守るだけでは学んでいくことができません。互いの利害や気持ちの調整が必要となる場面とさまざまな葛藤をポジティブな方向で乗り越える体験が必要ですから、「いざこざ」に見えることも（危険がない限り）、子どもの成長の一場面と捉えて、「子どもたちはこの問題をどう解決しようとするだろうか」と興味をもって見守ってみましょう。また、子どもたちが相手の気持ちに思いを馳せることを促すような問いかけをしてみましょう。

〈10の姿〉「社会生活との関わり」

オ 社会生活との関わり：家族を大切にしようとする気持ちをもつとともに、地域の身近な人と触れ合う中で、人との様々な関わり方に気付き、相手の気持ちを考えて関わり、自分が役に立つ喜びを感じ、地域に親しみをもつようになる。また、保育所内外の様々な環境に関わる中で、遊びや生活に必要な情報を取り入れ、情報に基づき判断したり、情報を伝え合ったり、活用したりするなど、情報を役立てながら活動するようになるとともに、公共の施設を大切に利用するなどして、社会とのつながりなどを意識するようになる。

ここがポイント！

- 人とのさまざまな関わり方に気付く ● 情報を役立てながら活動する
- 社会とのつながりを意識するようになる

事例　ドーナツやさんを充実させる姿（異年齢クラス）

　3～5歳の異年齢クラス26人で、お店やさんごっこで何をするかを話し合い、ドーナツやさんに決まりました。そこで保育者は「ドーナツやさんに行くことがあったら、どんなドーナツがあるかとか、お店の様子、ドーナツの作り方を見てみてね」と投げかけておきました。

　すると、そのあと子どもたちがドーナツやさんでの経験を伝え合うようになりました。「チョコのドーナツがあったよ！」「ドーナツの穴は丸い道具で空けてたよ！」などと話す子ども、ドーナツやさんのチラシをもらってくる子どもや店内の様子をスケッチしてくる子どももいました。

　やがて、ドーナツやさんを見に行きたいとの声が上がり、お店に相談すると、10人程度ならOKとのことなので、全員は行けません。そのことと、行く人にはみんなの質問を伝えて回答をもらってくる任務があることを保育者が伝えると、3・4歳児から「年長さんがいい」という意見が出たため、5歳児が出かけることになりました。揚げ方、食材、レジの使い方、のぼりの作り方、ドーナツを包む紙について等々、多くの質問をみんなで考えました。

　保育者と一緒に出かけて、見学したり店長さんに質問したりしてきた5歳児たちは、帰って保育者が撮った動画も見ながら報告会をしました。子どもたちは生き生きと取り組み、驚くほど立派なドーナツやさんができました。

学びにつながる保育のポイント

関係性に気づき、社会の一員としての意識が芽生える

園の外の人や物と関わることで、それらと自分との関係性に気づいていき、そうした人や物との関わり方（言葉の用い方やふるまい方）を学びます。また新たな関係性への気づきから自分の位置づけを見直すという作業が行われ、社会の一員としてのアイデンティティが芽生えていきます。

情報という間接的な体験から学ぶ

子どもは直接的な体験から多くを学びますが、情報という間接的な体験からも学ぶことができるようになります。人から聞いた話、テレビやDVDで見たこと、図鑑で調べたことなど、さまざまな情報があります。その情報を理解したり、それを踏まえて試してみたりすることが新たな学びにつながります。

援助のポイント　園外の人や物と関わる機会の意味

ふだん接することのない園外の人と関わる機会を設けることが、人について、人との関係性について、また、自分のあり方について学ぶ一つの大切な方法となります。また、さまざまな公共の施設との接点をもつことは、社会に関わっていく直接的な体験となります。さらに、さまざまな情報に触れてそれらを活用することは、社会について知り、また積極的に関わっていく間接的な体験となり、社会の一員としての自分のあり方を感じ取っていくことにつながります。

〈10の姿〉「思考力の芽生え」

カ 思考力の芽生え：身近な事象に積極的に関わる中で、物の性質や仕組みなどを感じ取ったり、気付いたりし、考えたり、予想したり、工夫したりするなど、多様な関わりを楽しむようになる。また、友達の様々な考えに触れる中で、自分と異なる考えがあることに気付き、自ら判断したり、考え直したりするなど、新しい考えを生み出す喜びを味わいながら、自分の考えをよりよいものにするようになる。

ここがポイント！

- 身近な事象との多様な関わりを楽しむ
- 友達のさまざまな考えに触れる
- 新しい考えを生み出す喜びを味わう

事例　氷について探究する姿（異年齢クラス）

　冬の寒い朝、ビオトープに氷が張っているのを子どもたちが見つけて大興奮。そこへ側溝の水が凍っていないことを見つけた子どもが「先生、こっちは凍っていないよ」と報告に来ます。保育者は「どうしてこっちは凍っているのに、あっちは凍っていないのかなあ」と不思議がって見せます。子どもたちが調べたいと言い出し、帰る前に、ビオトープと園庭のトイレ、2階のプールのそばに水を入れたバケツを置きました。翌朝から氷が張っているか観察が始まりました。Fくんが「凍ったかどうか書いておけばいいんじゃない？」と提案して、日付の入った表を作り、場所ごとに○（凍っている）と×（凍っていない）で記録することになりました。数日続けましたが、疑問が解けない子どもたちはまた案を出し合います。そこでGくんが「温度計で測ればいいんじゃない？」と、みんなの視野を温度へと広げます。次の日から○×のそばに「にど」「まいなす1ど」などと水温が記録されました。そして、子どもたちは表を見てあれこれ話し合う中で、0度以下で水が凍ることに気づいたようです。それを確かめるためか、職員室の冷凍庫の温度を測りに来ました。

　水風船で氷を作ろう、色水や牛乳を凍らせよう、氷の卵を作ろうなどとアイデアを出し合い、混ざりものがあると0度で凍らないことを発見したり、卵の容器を片側ずつ使って卵形の氷を作り出したりもしました。仮説や方法を提案し合い、認め合い、自分たちの研究となりました。

Chapter 2 「養護と教育の一体的な展開」「幼児期の終わりまでに育ってほしい姿（10の姿）」と子どもの学び

学びにつながる保育のポイント

心を動かされることで、自分なりに理解し展開する

身近な自然現象などの出来事に心を動かされ、それらに興味をもって積極的に関わっていくことによって、その性質や仕組みに気づき、その出来事を自分なりに理解していきます。また獲得した知識を用いて工夫して試してみるという過程の中で、さまざまな思考が生まれ、豊かに展開していきます。

友達の気づきや考えに触れて、新たな世界が開ける喜びを知る

不思議に思ったり、解決したい問題が現れたりしたときに、それをより深く知ったり、よりよく解決していくために、自分の力や知識だけでは十分でないことに気づき、友達の気づきや考えを取り入れるともっと楽しくなるということを学んでいきます。新たな世界が拓けることの喜びを知ることでしょう。

援助のポイント　子どもたちが安心して考えを発揮できるように、一緒に不思議がり考える

子どもたちが身近な事象を楽しみ、自分なりに気づいたり、工夫したりする機会をつくっていきましょう。保育者は、正解を言わせようとするのではなく、子どもと一緒に不思議がったり、一緒に考えるように問いかけたりします。子どもたちがさまざまな考えを安心して発揮できるように子どもの気づきを肯定したり、共感したりし、他者の考えを積極的に取り入れて自分の考えが更新されることは楽しいことだと気づくように援助していきましょう。

〈10の姿〉「自然との関わり・生命尊重」

キ 自然との関わり・生命尊重：自然に触れて感動する体験を通して、自然の変化などを感じ取り、好奇心や探究心をもって考え言葉などで表現しながら、身近な事象への関心が高まるとともに、自然への愛情や畏敬の念をもつようになる。また、身近な動植物に心を動かされる中で、生命の不思議さや尊さに気付き、身近な動植物への接し方を考え、命あるものとしていたわり、大切にする気持ちをもって関わるようになる。

実践するにはここがポイント！

- 自然に触れて感動し、畏敬の念をもつ ● 生命の不思議さや尊さに気づく
- 身近な動植物を大切にする気持ちをもつ

事例　スズムシをクラスで育てる姿（5歳児）

　園の近所の方がスズムシをたくさん持ってきてくれました。子どもたちは興味津々。クラスで飼うことになりました。Hちゃんの「スズムシさんは何を食べるのかな」というつぶやきから、みんなで調べることになり、給食から残った食材をもらい、「すずむしさんのすきなたべもの表」に「なす　〇」「ぱいん　×」「きやべつ　〇たくさんたべた　うんちいぱいでた」などと記録していきます。

　保育者の提案で、毎日交代で観察記録もつけていくことになりました。「12ひきいる」「だっぴした」「ごはんとまちがえてたべちゃった（メスがオスを食べた）」など、それぞれの視点で書いていきます。保育者は図鑑やインターネットから子どもの理解の助けになる情報を見つけて貼り出すなど、子どもがスズムシの体の構造や成長の仕方についての知識を取り入れて、目の前のスズムシの姿と照らし合わせることを助けます。たまたまもらったスズムシのことが、子どもの知りたいこととなっていきます。

　スズムシは少しずつ死んでいき、しばらくしてついにみんないなくなりました。保育者はスズムシを入れていた水槽の中を見てみるよう、子どもたちに促します。観察力が日に日に豊かになった子どもたちは、すぐに卵を見つけました。保育者は、記録や写真を子どもたちと一緒に眺めながら、スズムシをもらってきてから大きくなり、鳴くようになり、やがてだんだんいなくなる過程を振り返ります。子どもたちは自分の経験を思い出しながら真剣に聞いています。

Chapter 2 「養護と教育の一体的な展開」「幼児期の終わりまでに育ってほしい姿(10の姿)」と子どもの学び

学びにつながる保育のポイント

心を動かされ、自分が自然の一員であることを知る

自然の生命のさまざまなあり方に触れて心を動かしたり、それをつぶさに観察したり調べたり、世話をしたりする経験を重ねながら、動植物などが自分の思い通りにならないことに気づき、その特徴を尊重して寄り添うことを通じて、自然への愛情や尊敬の念を覚えるようになり、自分も自然の一員であることを学びます。

いとおしさや慈しみの気持ちが芽生え、自分ができることを見出し取り組む

動植物との触れ合いから、いとおしさや慈しみの気持ちが芽生えます。生命が保たれ、豊かに展開するためには、一生懸命調べたり、粘り強く世話をしたり、そのために役割分担したりする必要があることに気づき、自分ができることを見出して取り組んでいこうとする気持ちや態度が育っていきます。

援助のポイント　自然に触れるきっかけを用意する

子どもが自ら自然に触れるきっかけを用意してみましょう。「〇〇を飼うからこのように役割分担しましょう」ではなく、子どもの「これは何？」「〇〇はどんな虫？」などの問いから始めてみます。それがどのような生き物や植物であるか、どのように育てたり世話をしたりするとよいかなどを一緒に考え、子どもが自分で調べることを促し、子どもがその動植物をすごいと感じたり、感情移入したりすることを大切にしましょう。

〈10の姿〉「数量や図形、標識や文字などへの関心・感覚」

ク **数量や図形、標識や文字などへの関心・感覚**：遊びや生活の中で、数量や図形、標識や文字などに親しむ体験を重ねたり、標識や文字の役割に気付いたりし、自らの必要感に基づきこれらを活用し、興味や関心、感覚をもつようになる。

ここがポイント！

- 遊びや生活の中で親しむ
- 自らの必要感に基づいて活用する
- 興味や関心、感覚を持つようになる

事例　バスをつくって遊ぶ姿（5歳児）

　段ボールで新幹線を作って、Ｉくんたちが保育室内を回ります。段ボールで乗り物を作ることに触発されたＪちゃんたちは、バスを作ります。何度か衝突したので、「新幹線とバスは一緒には走れないんだよ」とＩくんが訴え、「じゃあ、バスが走る道を作ろう！」ということになりました。

　線路も決まって踏切もできたのですが、バスルートが気まぐれでバス同士の事故も起こります。そこで、保育者が道路の標識などの載っている図鑑を用意して、子どもたちにどのようにルートを設定すればいいか気づかせます。子どもたちは保育者に聞きながら、一方通行や進入禁止、一時停止、踏切などの標識を作り、それらを駆使してルールがつくられ、共有されていきます。保育者の「私もバスに乗りたいんですが、どこから乗ればいいですか？」という問いかけに、バス停を作るというアイデアも生まれました。ちょうど子ども向けの雑誌にバスの特集があり、運転手さんがいること、バス停には時刻表があってバスはその時間を守ってやってくること、バス停ではバスが止まってお客さんを乗せること、安全運転をすることなどを子どもたちは知っていました。停留所名が書かれ、時刻表と思しき数字を書き連ねたバス停ができました。また、子どもたちは園外に出かけて、実際の道路標識と車の動きを確認するなどしました。

　保育室のバスはお客さんを乗せるために停留所に止まるようになると、お客さんが乗っているのでゆっくり走るようになりました。

学びにつながる保育のポイント

遊びを通して、数量や図形、標識や文字などに触れる

子どもたちは0歳からすでに、さまざまな遊びを展開する中で、自然や社会に存在する数量や図形、標識や文字などに少しずつ触れています。こうしたものに親しんでいく過程で、数や量、形などのあり方や法則を経験的に知り、また標識や文字など、ある記号があるものを表すという約束事を徐々に学んでいきます。

数量や図形、標識や文字などを使おうとし、興味や関心を豊かにする

特に自覚をしないでその存在を感覚的に学んできている数量や図形、標識や文字などが、例えばお店屋さんごっこなどの遊びの中で必要となる局面がどんどん増えていきます。必要に迫られて数量や図形、標識や文字などを使おうと試行錯誤することが、これらへの興味や関心を豊かにし、さらにその感覚を養っていきます。

援助のポイント　子どもが心を動かしたことを共感的に認める

数量や図形、標識や文字などを正しく覚えさせることが大切なのではありません。さまざまな場面で触れて楽しむことで、それらが子どもにとって親しみのあるものとなり、興味や関心につながります。三角の積み木を合わせて四角にする、時刻表にとりあえず意味のない数字を書くといった場面に、子どもに芽生えている大切な感覚を見出しましょう。また、遊びの中で必要になったときに、例えば五十音の表や交通記号など、情報を参照できるよう環境を整えることも助けになります。

〈10の姿〉「言葉による伝え合い」

ケ **言葉による伝え合い**：保育教諭等や友達と心を通わせる中で、絵本や物語などに親しみながら、豊かな言葉や表現を身に付け、経験したことや考えたことなどを言葉で伝えたり、相手の話を注意して聞いたりし、言葉による伝え合いを楽しむようになる。

ここがポイント！

- 心を通わせる　● 絵本や物語などに親しむ
- 言葉による伝え合いを楽しむ

事例　宝石探しから広がるやり取りの姿（異年齢クラス）

　Kちゃんが園庭でキラキラした石を拾ってから熱心に取り組んでいた「宝石探し」がクラスに広がっていきました。誰の石が一番か決めようということになり、「これがピカピカしてる」「これがきれい」「これは大きいよ」などとさまざまな基準で意見が出て、一番がたくさんできました。

　ある雨の日、泥だらけの石を拾ってきたLくんが、石を洗ったらとてもきれいになったのを見て、保育室にみんなが置いている石を全部洗いたいと言い始め、みんなも興味津々で洗ってみることになりました。「黒くなってきたよ」「水がしみ込んでいるんじゃない？」「つるつるになってきたよ」「このでこぼこなのは隕石じゃない？」「歯みたいだよ」「この中に宇宙が見えるよ」「エメラルドみたい」「手が臭くなってきちゃった」「実験中だからしょうがないよ」「これ浮いてるよ」「謎の石だね」などと子どもたちが気づいたことや感じたことを自由に発言し、それらを互いに受け止めています。

　石の絵を描くことになると、敷いてある紙に石を置いて両手でたたきながら「小さい石ほど高く跳ぶね」と言ったり、「このキラキラするのを何色で描いたらいいかな」などと話し合ったりと、とてもにぎやかです。保育者も子どもの声を一つひとつ拾って、「ほんとだね〜」などと受け止めます。保育者が「これから画用紙を配りまーす」と小さな声で言うと、子どもみんなが保育者の方を向いて「はーい」と答えました。その後、この宝石探しは生活発表会の劇のテーマにもなりました。

Chapter 2 「養護と教育の一体的な展開」「幼児期の終わりまでに育ってほしい姿（10の姿）」と子どもの学び

学びにつながる保育のポイント

他者と心を通わせ、想像や抽象的な概念・感情などを表す経験

言葉のやり取りを楽しむ経験を重ねる中で、言葉を媒介として他者と心を通わせることによる充実感を学んでいきます。絵本や物語に親しみながら、言葉を直接の現実を表現するものとしてだけでなく、想像や抽象的な概念・感情など、つまり頭や心の中で描く何かをやり取りする道具としての感覚をもつようになります。

伝え合うことで人間関係の充実へつながる経験

言葉が、「気づきや気持ちがまだ無意識に口をついて出ているような、自分の言葉が心の内にある段階」から、「人との関わりを調整したり豊かなものにしたり、言葉をわざとずらして口にして友達と一緒に楽しんだりするなど、言葉を意識的に扱う段階」へと変化させていきます。感じたことや思いを伝え合うことが人間関係の充実へとつながる経験をします。

援助のポイント　子どもが気づきや気持ちを言葉で表したことを、肯定的に受け止める

言葉を正しく使うことが目的ではありません。鏡文字や言い間違いなどの誤りはそのうち直ります。言葉は、人がよりよく関わり合い、豊かな関係を築くための有効な道具であると認識して、子どもが気づきや考え、気持ちを言葉で表した姿を見逃さず、肯定的に受け止めることが、人に伝えたいという気持ちやよりよく伝えたいという気持ちを育てます。おとなしく言うことを聞く子どもではなく、友達や保育者とたくさん話す子どもの姿を育てましょう。

〈10の姿〉「豊かな感性と表現」

コ **豊かな感性と表現**：心を動かす出来事などに触れ感性を働かせる中で、様々な素材の特徴や表現の仕方などに気付き、感じたことや考えたことを自分で表現したり、友達同士で表現する過程を楽しんだりし、表現する喜びを味わい、意欲をもつようになる。

ここがポイント！

- 心を動かす出来事に触れ感性を働かせる
- さまざまな素材の特徴や表現の仕方に気付く
- 友だち同士で表現する過程を楽しむ

事例　野菜の収穫のことを描く姿（異年齢クラス）

　園庭は狭いのですが、一隅に小さな畑があり、いろいろな野菜が少しずつ植えられています。子どもたちは今日は誰が採るかを相談し、後に収穫するクラスのために全部は採ってしまわないよう配慮します。そうやって採った野菜の色やにおい、感触を味わうと、それを友達に渡して感じたことを口々に伝え合います。

　採れたてのキュウリに毛が生えていることを知った子どもは「毛が生えてる！」「チクチクする！」と感触について話し、「こんなに曲がってる！」といろいろな形に気づいたり、ピーマンを採って「ピーマンくさい！」とにおいを感じたりもしています。

　保育者は子どもたちがさまざまなことを感じている姿を見て、保育室に戻ってすぐに絵を描いてみてはどうかと提案しました。保育者は正しく描かせることを重視するのではなく、「さっきは何に触れた？」「大きかった？」「触ってみてどうだった？」と子どもがさっき感じたことを思い起こせるように言葉をかけます。子どもはすぐにクレヨンを取り出して、思い思いに描き始めました。

　キュウリの毛に驚いた子どもたちは、画面をはみ出るような大きなキュウリに実物よりもびっしりと毛を描き、曲がったキュウリに興奮していた子どもは実物よりも大きく曲がったキュウリを画面いっぱいに描きました。オレンジ色の大きな二重丸をいくつもいくつも描いた子どももいました。これは、ちょうどオレンジ色だったミニトマトに大いに驚いた3歳児の作品です。

学びにつながる保育のポイント

五感を働かせる感性の動きが、美的感覚の基盤となる

心を動かす出来事に触れると、子どもは五感（見る、聞く、かぐ、味わう、触れる）をたくさん働かせてその出来事を感じ取ろうとします。この感性の動きを通じて、子どもはさまざまなものの特徴に気付き、いろいろな表現の仕方があることに気づいていきます。そうした経験が美的感覚の基盤となっていきます。

伝えたいという気持ちが、表現する喜びや豊かな表現につながる

その子どもなりの表現で、子どもが感じたことや考えたことを保育者に伝え、受け止められる経験を重ねる中で、自分で表現する楽しさに気付き、友だち同士で表現することやその過程を楽しみ、表現する喜びを知り、もっと豊かな表現をしたいという自分の中の意欲を育てていきます。

援助のポイント　子どもと一緒に心を動かし表現する

大人の期待通りに上手に何かを描いたり演奏したりする訓練をすることは、10の姿における表現とはあまり関係ありません。2歳児がじっと雨の園庭を見ているというような感性を働かせている姿を大切にし、保育者も一緒に心が動くものを探してみましょう。心が動いたときに言葉以外で表現するためのさまざまな素材や方法があることを遊びの中で気づくことができるよう援助し、自分なりに表現している姿をうれしく受け止め、その過程を大切にし、一緒に楽しみましょう。

10の姿と小学校との連携

幼児教育と小学校以降の教育の連続性

　2017年の保育所保育指針の改定では、幼児教育と小学校以降の教育を貫く柱を明確にされ、乳児から18歳までとさらにその先へと成長していく力の柱として「育みたい資質・能力」の三つの柱が示されました。

　また、小学校学習指導要領には小学校入学時の子どもに対して、10の姿を踏まえて、子どもの姿に合わせた指導を行うことが示されました。10の姿は小学校でも連続して育っていくものなのです。

保育所と小学校との学び合いが大切

　10の姿で大切になってくるのが、小学校との連携です。

　保育所と小学校の先生同士で研修会を行う園も増えてきています。一緒に保育実践における子どもの姿を見て、その後グループに分かれて10の姿の捉え方を確認し話し合う研修会などが行われています。

　このようにすることで、小学校で想定している子どもの姿と保育所で保育者が見ている子どもの姿との捉え方の違いを知り、お互いに理解を深め合うことができるようです。

保育所児童保育要録では適切に伝える

　子どもたちが園を卒業し小学校に入学するにあたり、子どもの姿を保育所児童保育要録（保育に関する記録）で小学校と共有することになりました。

　保育所児童保育要録の記入にあたっては、特に小学校における子どもの指導に生かされるよう、「幼児期の終わりまでに育ってほしい姿」を活用して子どもに育まれている資質・能力を捉え、指導の過程と育ちつつある姿をわかりやすく記入するように留意しながら、10項目を全体的かつ総合的に捉えて記入することになりました。

Chapter 3

「乳児保育」
「1歳以上3歳未満児の保育」
「3歳以上児の保育」と
子どもの学び

乳児保育、1歳以上3歳未満児の保育、3歳以上児の保育における子どもの学びを、具体的な事例とともに見てみましょう。

POINT 1

〚 乳児保育の3つの視点と子どもの学び 〛

乳児保育の3つの視点で示していること

　p.8で述べたように、「教育」とは「発達の援助」ですが、それは、「学びへのさまざまな援助を通じて実現していく」ものです。また、「子どもの学び」は、経験や体験、援助を通じて脳に新たな回路ができてくるようなイメージです。

　2017年に改定された保育所保育指針では、乳児保育は0歳児の保育と明記され、また、大幅に加えられました。同改定は、「赤ちゃんのときから学びの世界が広がっていく」ことを示し、0歳児では3つのジャンルで人間の育ちを見ていこうとしています。

　「健やかに伸び伸びと育つ」は、身体機能の発達の視点です。子どもは好奇心が旺盛で、見たもの触ったもの感じたものを確かめたくなります。手を伸ばす、ものを見る、匂いをかぐ、近づこうとする、移動しようとする結果、子どもの五感が発達し、神経系・筋肉系も育っていきます。感覚の発達は、身体能力や活動を支えるために新しい回路を作っていく学びと言えます。

　「身近な人と気持ちが通じ合う」は、対人関係の視点です。乳児が世界を認識し、周りと関わっていく上で、人という存在と安心して関わることには特別な意味合いがあります。何かあったら必ず来てくれる、泣いたら必ずオムツを変えてくれる、おっぱいを飲ませてくれる人がいるというような関わりです。この関わりを繰り返していくうちに、他者を「私を支えてくれる人」と認知し「泣くと来てくれる」というような因果関係を学ん

Chapter 3 「乳児保育」「1歳以上3歳未満児の保育」「3歳以上児の保育」と子どもの学び

でいきます。対人関係は、将来的には、周りの人に対する安心を感じ、人への信頼を育むための学びと言えるでしょう。

「身近なものと関わり感性が育つ」は、対物関係の視点です。ボールを触ると転がる、花に香りがあることを知るなどの、ものとの関わりと学びです。身のまわりの世界に興味をもち、その世界を取り込もうとすることは、将来的には自分が産み落とされた世界はどのようなところなのか知りたいという興味関心につながり、世界を認識していくベースになります。そうした世界に対する興味関心や好奇心、そして、それらを確かめるための行動力が育っていく学びです。

子どもの育ちを最もシンプルかつ過不足なく説明するためには、身体の発達、対人関係、対物関係という3つのジャンルで、子どもがその力をどのように伸ばしていくのかを見ることが基本になります。乳児保育における子どもの学びでとても大事なことは、「0歳から1歳の子どもは、一挙手一投足が学び」であるということです。

0歳児から子どもの学びを支えるという姿勢

乳児保育の3つの視点「健やかに伸び伸びと育つ」「身近な人と気持ちが通じ合う」「身近なものと関わり感性が育つ」により保育を評価することが示されたことにより、保育所は幼児教育を行う機関として、小学校を見通しながら0歳児から5歳児の学びを支えていく、という姿勢が示されたのです。

〈0歳児〉「健やかに伸び伸びと育つ」

ここがポイント！
- 日々の身体の動きや表情の変化を一早くキャッチする
- 常に「乳児の目の高さ」で生活や遊びの環境を見直し、工夫する
- 発達と個人差を配慮しつつ「食を楽しむ心」を育む

見える世界が変わる喜びを感じるAくん（7月・9か月）

　5月頃はずり這いをして窓の外をながめるのが好きだったAくん。6月下旬頃からつかまり立ちができるようになり、棚や玩具などにつかまって移動するようになりました。少し高い位置から見える景色を楽しんでいて、特にお気に入りの場所がソファーでした。ソファーは柔らかいためしっかりと手の平で掴め、足も踏み込んで力が入れやすいようです。一生懸命踏んばって立ち、座るときはつかむ位置をゆっくりと変えながらそっと腰を下ろします。その姿に気づいた保育者の「すごいね、上手だね！」という言葉かけに笑顔を見せて喜びます。「場所によって見える世界の変化」を楽しんでいることが伝わり、その成長を眩しく感じられました。

「おいしい！」は「うれしい！」Bちゃん（5月・8か月）

　入園した当初は、保育者の膝に座って甘えることが多かったBちゃん、保育者との信頼関係ができてくると、安心して好きな遊びに向かうようになりました。同じ頃に食事でも変化が見られ、はじめは食具にご飯を乗せて口元へ持って行くと、口を固く閉ざしていましたが、今では食事になるとうれしそうに手で机を叩き、保育者が「あー」と口を開けたり、「もぐもぐ」と言うと、保育者の口の動きを見て真似をしています。「美味しいね」と言うと身体を上下に動かし、うれしい気持ちを表現しています。

学びにつながる保育のポイント

景色の違いに気づき、身体の調整ができる

見える世界の変化を楽しみ、自分の足で踏み込んで立とうとするなど自分の身体を使う意欲があります。近くのソファーにつかまり立ちをして、ものの柔らかさやつかみやすさの違いを発見しています。座るときには、そっと腰を下ろすため、力の調整をする必要があることにも気づいています。

援助のポイント　小さな変化を見逃さない

0歳児期の発達は身体の動きの変化や一つひとつの動作をよく見てみましょう。ハイハイでの足指の使い方が昨日とは違う、昨日はつかめなかったものが今日はつかめる、という変化にハッとさせられます。乳児期は、日々変化する姿を保育者同士で伝え合い、個々の学びや発達の情報、成長の喜びを共有しましょう。

信頼できる相手を知り、行動が変わる

保育者がいれば大丈夫だと知って、少し離れたところで遊ぶこと、食事をする楽しさを表現すること、自分の気持ちを行動に移したり表現したりすることができるようになっています。

援助のポイント　ゆっくり、ゆっくりを見守る

ミルクや離乳食を嫌がるときは、保育者でも不安になります。食への興味や意欲は個人差が大きいので、食事が少しでも楽しみになるような温かい関わり、環境づくりを心がけましょう。食事を口に取り込み、咀嚼・嚥下するプロセスは、乳児は保育者をモデルに学習していきます。決して急がせず、ゆっくりと働きかけていきましょう。

〈0歳児〉「身近な人と気持ちが通じ合う」

ここがポイント！
- 担当する保育者との受容的・応答的やりとりを通じて信頼関係を深める
- 友だちに近づく、触る姿を温かく見守り関わり方を学べる機会にする
- 友だちと触れ合い、遊びなどを通して楽しみながら人との関係を育む

友だちに気づき笑い合うCちゃん（6月・11か月）

　室内にクラスの子どもたちが全員写っている顔写真を貼ると、Cちゃんがそれぞれの顔を指さしながら、「あ！　あ！」とうれしそうに笑っています。これまで対物関係が中心だった世界から、少しずつ友だちへの興味が出てきて、友だちの顔に触れようとしたり、ハイハイで友だちに近づいて行ったりと、自分から関わっていく姿が見られるようになりました。ある日、Cちゃんの側に他の子どもが来て、2人で顔を見合わせ笑い合っていました。「何をするのかな？」と見ていると、Cちゃんは持っていたお手玉でその子どもの頭を優しく叩き始めました。わらべうた遊びのときに大人にしてもらっていたことを真似て、友だちと楽しんでいたのです。

「見て見て、見ててね」と眼差しを送るDちゃん（5月・9か月）

　Dちゃんは入園した頃は不安そうに保育者の膝の上に座り、周りにいる友だちや保育者の顔をじっと見つめて、周りの様子を観察していました。徐々に膝から降りてハイハイで少しずつ動き始め、自分が行きたい場所に移動することで、見える世界が広がってきているようです。棚から気になる玩具を取って、「見て見て、自分で取れたよ」という表情で保育者に見せてくれます。保育者が「Dちゃん、取れたね」と声をかけると、両手に玩具を持って得意気に見せ、うれしそうに見つめ返しています。

学びにつながる保育のポイント

周りの人に興味をもつ

自分と物、自分と保育者という世界から、友達などの自分と一緒に過ごす人への興味が出てきて親しみをもてるようになっています。また、保育者との楽しい遊びを記憶して再現することができるようになり、他者とのやりとりに応用し、やりとりに広がりが出ています。

援助のポイント　まずは保育者との信頼関係を基盤に

授乳、食事、排泄、眠りなどへの援助は、できる限り同じ保育者が行い、関係を深めるようにします。人見知り、後追いなど動揺が見られる時期もありますが、安心する関係ができると乳児はモノからヒトへと関心を広げていきます。関心をもつと近づき、触れようとします。その気持ちを暖かく見守り、関わり方を教え、学ぶ機会にしていきます。

安心して自分の やりたい気持ちを表す

ここは安心できる場所だと知り、自分のやりたいことをすることができます。また、自分の気持ちや達成感を保育者などの周りの人に伝えることができるようになっています。

援助のポイント　保育者に見守られ、新たな世界を広げていく

安心した関係ができると子どもは「私のこと、見てるよね？」と振り返りながら、保育者から離れていきます。見るもの触れるもの、すべてが初めてのものばかり。「これ何かな？」と不思議な世界を探究し、次第に世界を広げていきます。遠くから見つめていたものを手に取り、様々な素材に触れ、五感を働かせ、感じとり、乳児期の学びの探検が始まるのです。

〈0歳児〉「身近なものと関わり感性が育つ」

ここがポイント！

- 乳児の発達と興味に応じた多様な素材や玩具を工夫し、用意しておく
- 乳児が五感を働かせ、感じ考える等の様々な体験ができるようにする
- 乳児の驚きや喜びに同調し、言葉を添え、共感的かつ表情豊かに関わる

「あなたはだあれ？」鏡で遊ぶEちゃん（6月・11か月）

　Eちゃんは鏡に映っているものや人に気付き、手で触ったり、指でつついてみたりしています。ある日棚につかまり、何度もしゃがんでは立ち上がり「ばあ」と言ってくり返し遊んでいたので、「何をおもしろいと感じているのかな」と見ていると目線の先に大きな鏡が見えました。遠くの鏡に映る自分の動く姿に気づき、しゃがむと姿が消え、立ち上がるとまた鏡に映るおもしろさに気づいている様子でした。鏡に映った自分の姿を、「自分」と認識しているかはわかりませんが、鏡の中で動いているものに気づき、さらに自分が動くと一緒に現れたり、消えたりすると気づいたEちゃんに驚かされました。

「ちょっと怖いな…」でも触りたいFちゃん（7月・1歳）

　水遊びで、はじめはホースから水が出ることに驚き、友だちが水を触って跳ねたしぶきが顔にかかると思わず泣いてしまっていたFちゃん。保育者と一緒に毎日水に触れるうちに、怖がらずに遊べるようになってきました。「五感を使った豊かな経験をしてほしい」と、寒天を出してみると、初めて見た寒天に驚いたようで、真剣な眼差しでしばらく見つめ人差し指でゆっくりとつつき始め、保育者に笑顔を見せてくれました。その後、人差し指で滑る寒天を追いかけて遊ぶようになりました。

学びにつながる保育のポイント

鏡に映るものに関心をもつ

鏡に映るものや人の姿に興味をもち触ろうとすることで、自分と他者の区別がつきはじめていることがわかります。また、しゃがむと見えなくなるなど、自分の作用により変化する状況にも気づきはじめています。

援助のポイント　体験を通して感性を育む

五感を十分に働かせ、さまざまな体験ができるように環境を整えます。そのためには玩具だけでなくさまざまな素材（光るもの、ザラザラ・ツルツルするもの、いろいろな音の出るもの、木、草、水、砂、布、紙など）をそのときどきで用意してみます。戸外に出て季節の変化を感じたり、街中の様子や乗り物を見たり、小動物を見たりすることも大切です。

驚きから安心へ、そして主体的に遊ぶ

保育者の援助を得て水に触れる経験を繰り返すことで、環境に慣れて遊ぶことができるようになっています。また、寒天に対して興味をもち、指先の力を調節しながら、自分の身体を使って遊べるようになっています。

援助のポイント　環境の工夫は子どもの学びを豊かにする

子どもをよく見て保育者同士で子どもの姿を共有し合う、そして、子どもが今何を必要としているか話し合うことが何よりも大切です。そのためには、子どもの遊びの少し先を予想してみましょう。「お昼寝の時間などを利用して、こんなことができたらいいね」「こんな活動をしてみましょう」などと意見交換をします。保育者が豊かに子どもの世界を想像し、環境を工夫すると、保育がよりおもしろくなることでしょう。

POINT 2

[1歳児以上3歳未満児における、子どもの学びと5領域]

乳児保育からの発達の連続性を考える

　1、2歳児の保育の「ねらい及び内容」は、2017年の保育所保育指針の改定で初めて記載されました。「ねらい及び内容」は保育の目標であり評価の視点で、「健康」「人間関係」「環境」「言葉」「表現」と言う5領域の目標＝評価視点が示されています。2017年の改定で、1歳児と2歳児についてはまとめて年齢別の記述となりました。これは「個々の子どもたちの発達の連続性を、丁寧に保障しよう」という考えの表れでしょう。

　3歳以上の保育については、幼稚園教育要領と同じように、年齢別で分けずに同一の指標で、目標設定と評価をすることになっています。

　1歳以上3歳未満児の保育の5領域は、乳児保育の3つの視点と連続しているため、保育の内容は発達の連続性を考慮することが大切です。

3つの視点と5領域の関係

　乳児保育の3つの視点についてはp.50で詳しくお話ししました。人間の育ちというものを、最もシンプルにかつ、過不足なく説明しようとしたら、身体の発達、対人関係、対物関係という3つのジャンルにおける、「健やかに伸び伸びと育つ」「身近な人と気持ちが通じ合う」「身近なものと関わり感性が育つ」という3つの視点で、子どもがその力をどのように伸ばしていくのか見ていく必要があります。さらに、この3つのジャンルは、そのまま1歳児以上3歳未満児の5領域に繋がっていきます。

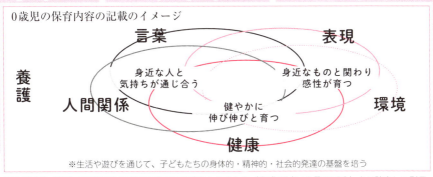

厚生労働省「保育所保育指針の改定に関する議論のとりまとめ(平成28年12月21日)」より改変して引用

　「健やかに伸び伸びと育つ」は5領域の「健康」や「表現」、「身近な人と気持ちが通じ合う」は5領域の「人間関係」や「言葉」、「身近なものと関わり感性が育つ」は「環境」と、それぞれに関連し合っています。また、たとえば「言葉」であれば、喋るためには筋肉が育つこと、すなわち「身体の発達」が必要ですし、「対人関係」やものへの関心（「対物関係」）がないと言葉が生まれません。3つの視点を貫くようにして「言葉」があるという捉え方ができます。さらに、自分の中に溜め込んだものを、体を使ったり言葉を使ったりして外に出すのが「表現」です。このように、5領域と3つの視点は、平行ではなく立体的に絡んでいくものなのです。5領域は、3つの視点で見た0歳児の発達や学びと深く関わっているのです。

あらゆる行為を「子どもの関わり」の視点で捉える

　子どもの発達は、どのような関わりや育ちが子どもたちの中で起こっているのかということを3つの視点や5領域のそれぞれの視点で見て、援助をすることにより保障されます。おもちゃに手を伸ばしているのであれば見守ったり、手が届かないようであれば少し近づけてあげたりする、投げることに興味をもっているならば、投げても安全なものを置いておくなど、子どもの関わりを環境を通して援助していくことが教育です。そして、その結果としての学び・育ちを記録することが保育者の務めなのです。
　そのように考えると、「5領域っておもしろい」と思えませんか？

1歳児の「健康」
歩けて嬉しい！

ここがポイント！
- 子どもが自分でしようとする気持ちを大事にする
- 保育者に寄り添われながら取り組む姿を尊重する
- 保育者は子どもを温かく見守り、子どもに応答的に関わる

事例　つかまり立ちから歩こうとするAちゃん

　つかまり立ちで移動できるようになり、サーキット用マットが敷いてある場所まで、2、3歩歩こうとする姿が増えてきたAちゃん。Aちゃんの姿を見ていると、歩く方向に倒れ込める場（マットなど）があるのを見通してそこまで歩こうとしているようでした。

　2、3歩離れた所から、保育者が両手を広げて「Aちゃん」と呼びかけました。すると、嬉しそうにゆっくりと立ち上がり、1歩1歩歩いて保育者に抱きつくと保育者の顔を見上げます。

　「歩けたね」「すごいね」と声をかけると、それに応えるように嬉しそうな笑顔を浮かべていました。

　もう少し離れた場所から呼びかけると、途中で手をつくこともありましたが、そこからまた立ち上がり、保育者の元まで歩いてきました。

　保育者が拍手をすると、一緒に真似て手を叩き、歩けたことを喜んでいました。

　もっと歩きたいという思いにつながったように感じています。

学びにつながる保育のポイント

自分の身体でできることを学ぶ

「立ち上がりたい」「もっと歩きたい」という思いに、まだ体がうまく応えられないことに葛藤しながら、自立に向かう力が育ちつつあります。周囲のあちこちに興味を広げ、一つひとつに気づきながら立って歩くことの楽しさを獲得しようとしています。

自分の思いを伝える

特定の保育者に自分の思いや欲求を伝えることを学び、保育者の応答的な関わりから人との関係性を育んでいます。「歩けたね」「すごいね」という保育者の励ましや関わりが、積極的にやってみようという意欲につながります。心地よい人との関係への期待を学び、くり返し応答する姿が育ちつつあります。

援助のポイント　身体を使って動く心地よさを感じられ、励ましてくれる大人がそばにいる環境

　歩行への移行期は、身体を使って動くことが心地よくなるような活動や環境構成が大切ですが、けがをしないよう安全への配慮は必要です。全身を使う遊びは、さまざまな運動機能を発達させると同時に、子どもが自分の身体を通じてさまざまな感覚を体験する契機となります。時には倒れて葛藤しながら、身体のさまざまな動きを学び、運動機能を高め、行動範囲を広げていきます。大切なことは、歩けたことや動けたことを受け止め、励ましてくれる大人がそばにいることです。人との心地よい関わりや応答があってこそ、受け入れられていることを学びます。そのことを基盤として、自分から意欲的に人と関わるようになり、人との関わりを喜ぶ姿が見られるようになります。心地よい大人から「やってみよう」という意思が尊重されると安心し、自分でしてみようという気持ちが強く育っていきます。

1歳児の「人間関係」
ぽっとん遊びで、気持ちを伝える

ここがポイント！
- 保育士等との信頼関係に支えられて生活を確立する
- 自分で何かをしようとする気持ちを尊重し、温かく見守る
- 愛情豊かに、応答的に関わり、適切な援助を行うようにする

事例　ぽっとん遊びで試してみる、気持ちを伝えるBくん

　Bくんが丸く穴のあいた容器と、ペットボトルキャップでぽっとん遊びをしていました。

　はじめは1つ入ると「あっ！」という表情で、"ポトン"という音や入ったことに喜び、保育者が「入ったね！」と手を叩くと、同じように手を叩いて笑顔で嬉しさを表現していました。

　その後も入るたびに手を叩き、容器がいっぱいになるまで夢中になって入れていました。中がいっぱいになると「ん～」と手に力を入れて押し込もうとします。しかし、中身がいっぱいなので入りません。

　そこで保育者は「いっぱい入ったね」と一緒に容器を横から見ながら言います。

　するとBくんも、たくさん中に入っていることがわかったようです。保育者は、容器を空にして、またBくんに渡しました。

　Bくんはすぐに遊びを再開します。だんだんと容器がいっぱいになり入らなくなると保育者に差し出して「出して！」と仕草で伝えに来たり、入れている途中で横からのぞき込んで量を確認したり、振って中身を確かめたりしているような姿が見られるようになってきました。

学びにつながる保育のポイント

くり返して気づき、試行する

保育者がそばにいてくれる安心な環境のなかでは、くり返すことによる試行や気づきが見られます。保育者の心地よい応答により、できるようになったことを素直に喜ぶ姿や、身近なものに興味をもち、自ら行動する意欲、関わりを学ぶ姿が育ちつつあります。また、保育者の仲立ちにより、うまくいかないときにも諦めずに、さまざまなことを試しながら学ぶ姿が見られます。

相手に思いを受け止めてもらったことに気づく

「同じように手を叩いて笑顔で嬉しさを表現」するなど、子どもは保育者の豊かな表情や言葉を通した受容的・応答的な関わりから自分の思いを受け止めてもらったことに気づきます。また、やり取りしながら、保育者の思いにも気づくようになっていきます。

援助のポイント 子ども一人ひとりの内面に思いを寄せて理解する

　この時期の子どもは、身近な保育者との愛着を拠りどころにして、少しずつ自分の世界を広げていきます。保育者との応答的な関わりや基本的信頼感に支えられ、生活や遊びへの意欲が出てきます。保育者を仲立ちとしながら、人と関わる心地よさや楽しさを感じ、自分から周囲の人と関わろうとするようになります。保育者は、子ども一人ひとりの内面に思いを寄せ、何に気づき、何に心地よさを感じているのかを理解しようとすることが大切です。保育者の受容的・応答的な関わりの中で、子どもは欲求を満たし、安定感をもって過ごすことができます。そうした基本的信頼感を基盤として、周囲の子どもや他の人と共に過ごす心地よさを感じ、生活や遊びに自ら積極的に取り組もうとする姿が芽生えていきます。保育者は、子どもが自分なりに考えてやってみようとする態度を育てるようにします。

実践のポイント LET'S TRY!

1歳児の「環境」
氷遊び、どんぐり集めを通した気づき

ここがポイント！

- 子どもが見たり、触れたり、感じたりしながら、発見する面白さに気づく
- 「これなあに？」と対象がもつ特徴、違いや関係性に気づく
- 自分なりに探求しながら生活や遊びに取り入れる姿が見られる

事例1　氷遊びで音に気づく姿

　氷を使った感触遊びを楽しんでいます。ふた付きの容器に水を入れて凍らせた氷で遊びます。はじめは、容器に入った氷を触って冷たいなという様子を見せるだけでした。しかし、遊ぶうちに少し溶けてきて、ひっくり返すと冷たいしずくが落ちてきたり、振ってみるとカタカタと音がしたりするようになりました。子どもたちは、「あれ？」という様子で保育者の方を見てきます。中の氷を取り出したいのか、もっと激しく振ったり、逆さまにしてのぞいてみたりしています。振るたびに溶け出した氷のしずくが顔にかかって濡れるのがおもしろいのか、どの子も振り出しました。そのうち溶けた水がみんなこぼれて、氷のカタカタという音が鳴り出すようになると、音合わせを楽しんでいました。

学びにつながる保育のポイント

周囲の環境に好奇心をもって関わる

　周囲の環境に興味を広げ、氷という素材を見たり、音を確認したり、触ったり、さまざまな感覚から「これはなんだろう」とか「どうしてなんだろう」とか好奇心をもって学びながら対象に関わる姿が見られます。旺盛な探索意欲を発揮し、注意を引かれたものに自ら近づき、活発な探索活動を行う姿が育ちつつあります。

事例2　どんぐり集めに出かけるCくん

マイバッグを持って自然物を集めに園庭に出かけました。子どもたちは保育者と一緒に、木の枝や木の実、葉っぱなどを見つけてはバッグに大事そうに入れています。Cくんが木の下で見つけたどんぐりを、バッグに入れずに大切そうに握りながら築山を越えようとしたとき、足を滑らせて手を離してしまい、どんぐりが築山を転がっていきました。Cくんは勢いよくコロコロと転がっていく様子がおもしろくて、保育者に知らせます。その後、ほかのどんぐりや葉っぱ、小枝を転がし始めました。

学びにつながる保育のポイント

集めることから転がすことへの気づき

はじめは、集めるということに気づき、たくさん集めることや、集めたらバックに入れたらよいということを学び、活動する姿が見られます。さらに、どんぐりが勢いよくコロコロ転がっていくという思いがけない出来事から、どんぐりの動きに気づき、「どんぐりは転がる」という性質を学んでいます。

援助のポイント　応答的な関わりや安心・多様な素材で、遊びを広げられるように

子どもの豊かな感覚や感性は、子どもの行動や手の届く範囲をふまえつつ、安心できる環境や保育者との関わりをよりどころとした、活発な探索活動により促されていきます。何かあれば保育者が応答してくれるという安心感があってこそ、子どもの情緒は安定し、好奇心をもって周囲の人やものに関わってみようとします。この時期の子どもは、身の周りで見つけたものを手に取り、さまざまな関わりをしながら遊びます。こうした遊びの中で偶発的に思いがけない発見をすることで、「こうするとどうなるだろう」「これはなんだろう」といったものの関係や仕組みについての探究心が芽生え、体験を積み重ねながら学び、面白さに気づいて遊びが広がっていきます。子どもの発達に応じて適切な題材を選び、遊びを通して感覚の発達が促されるように工夫をすることが大切です。

1歳児の「言葉」
毎朝、「せんせー」「はーい」のあいさつを楽しむ

ここがポイント！
- 保育者に親しみをもって接し、自分なりの言葉でやり取りをする
- 保育者の受容的で応答的なやり取りにより、相手の言葉を聞こうとする意欲や態度が育つ
- 言葉に対する感覚や言葉で表現する力が育つ

事例　毎朝、保育者にあいさつするDちゃん

　毎朝、Dちゃんは登園して保育室に入ってくると、保育者にかけ寄ってきます。そして、保育者が返事をするまで何度も「せんせー」と呼んでくれます。

　保育者が「はーい」「おはよう！」とDちゃんの顔をしっかりと見て答えると、Dちゃんはうれしそうに笑っています。

　そのあとも、何回も何回も「せんせー」「はーい」というやり取りを楽しみました。

　Dちゃんの呼びかけが少し落ち着いたところで、今度は、反対に保育者が「Dちゃん」と呼んでみました。するとDちゃんは満面の笑顔で、「はーい」とかわいらしく手を挙げて返事をしてくれました。

　そのあとも、しばらく「せんせー」「はーい」、「Dちゃん」「はーい」というやり取りを楽しみます。

　Dちゃんの一日は、毎日このやり取りで始まるのです。

学びにつながる保育のポイント

言葉を交わす喜びを知る

言葉で「おはよう」とあいさつをしながら、保育者と言葉を介して心を交わす喜びを学んでいます。子どもにとって保育者と言葉を交わすという行為や応答的やり取りが楽しく、うれしいことであることに気づきながらくり返す姿が見られます。

相手の応答を期待する

言葉を交わす保育者との安心感や信頼感が基盤となります。保育者が話す言葉に興味をもち、学びながら、自分も同じように言葉を発して応答することができるように育ちつつある姿が見られるでしょう。あたたかな笑顔あふれる保育者の応答性に気づき、やり取りを期待して自ら保育者に声をかけることを楽しむ姿が見られます。

援助のポイント　子どもが自らの言葉で伝えようとする意欲を育てる

言葉を使うためには、他者と感情や物事を分かち合えるあたたかな関係が基盤となります。そのような関係を築くためには、保育者との信頼関係、笑顔あふれる表情やあたたかなまなざし、優しい言葉のリズムが大切です。そうすることで、子どもは安心して言葉を発しながら、保育者と言葉との対応に気づき、理解していきます。また、自分の気持ちを相手に伝えようとする気持ちが育っていきます。保育者が、子どもの発する言葉に耳を傾け、応答的なやり取りを重ねることで、自らの言葉で自分の気持ちを伝えようとする意欲・聞くことへの意欲が子どもに育っていきます。

1歳児の「表現」
手洗いで水を観察する

ここがポイント！

- 子どもの表現は、遊びや生活のさまざまな場面で表出される
- 素材に触れながら全身でその感触（視覚、聴覚、嗅覚、味覚、触覚など）を楽しむ
- 子どもの様子を積極的に受け止め、さまざまな表現の仕方ができるように援助し、感性を豊かにする

事例　手洗いをするEちゃん

　Eちゃんは、手洗いに行くとき、いつも手首を回す身振り（蛇口をひねるまね）をしながら「よいしょ、よいしょ」とつぶやいています。

　Eちゃんは自分で蛇口をひねって水を流すことができるのですが、毎回、水が出た瞬間には、「わあ！」「でた！」と驚いた表情でつぶやきます。そして、「水はどこからどうやって出てきたのか」と言わんばかりに蛇口の穴を覗き込み、水の流れをじっと見ています。

　何となく納得するとそっと手を出し、水の感触を確かめるような身振りをし始め、「つめたっ」と言ったり、「ジャー」と言ってみたりする姿が見られます。

　手を洗うというより、水が手にかかる感触を楽しんでいるようです。

　手洗いが終わると、自分で蛇口を閉め、最後の水が排水溝に流れていく様子を見届けて、水がすっかりなくなったのを確認してから、Eちゃんの手洗いは終わります。水の動きを見たり、音を聞いたり、感触を確かめたりすることを繰り返しながら、水の不思議さに気付いたり、試したり、うまく蛇口が操作できるようになったりする様子が見られました。

学びにつながる保育のポイント

水への気づき

生活における手洗いのなかで、水に触れながら、子どもの体と心と環境全体が互いに結びついて、ひとつの経験となります。そうやって水とは何かを、感触を楽しみながら学んでいる姿が見られます。水が蛇口からでる様、水がかかる感触、水が排水溝に流れていく様など同じ水の多様な姿に気づき、水という性質を理解しながら、自分なりに関わり、表現する姿が見られます。

物の仕組みへの気づき

水を出すために、蛇口をひねったりしめたりするなど、道具を使うことを学び、手を洗うにはどうすればよいかという手順や見通し、蛇口（道具）の仕組みや操作を学ぶ姿が育ちつつあります。

援助のポイント 生活の中で子どもが心動かされるもの

1歳児の領域「表現」で大切なことは、生活の中で出会うものに気づき、心動かされる体験を重ねていくことです。事例のような、蛇口から流れる水の動きに不思議さを感じて観察を続け、子ども自身の納得がいくまで見届けるという姿からは、子ども自身の心が動かされている様子が見て取れます。

保育者は、子どもが生活の中で心動かされるものへの興味や関心に気づき、心を寄せて静かに見守るなど、子どもがやってみたいという思いを叶えられる環境を整えることが大切です。そのようにすることで、子どもの好奇心や探究心、また感じたことを表現する意欲が育まれていくでしょう。

2歳児の「健康」
自分もやってみたい！
自分も遊びたい！

ここがポイント！
- 子ども自身がやってみたいように体を動かし、充実感を得る
- 年長児の様子を見て、自分もやってみたいと思う意欲が生まれる
- 遊びのなかで、自分の体の動かし方を知り、楽しんで取り組む

事例　年長児たちのようにやってみたい！と挑戦するFちゃん

　園庭には「じゃぶじゃぶ池」と呼ばれる池があり、じゃぶじゃぶ池の周りを取り囲むように丸太の遊具をめぐらせています。

　ある日、年長児たちが、じゃぶじゃぶ池を囲っている丸太の上を、ピョンピョンと跳び移って遊んでいました。

　その年長児たちの様子を見たFちゃん。同じように真似をしようとするものの、怖くてできません。

　最初は、両手で丸太を抱えるようにして、よじ登って丸太の上に立ち、降りるときはいったんしゃがんで後ろ向きになって足から降りるようにしていました。

　Fちゃんは、何度も登ったり降りたりを繰り返しているうちに、丸太の上で両手を広げてバランスをとりながら降りられるようになりました。また、両手をグーにして「いち、にの、さん！」と勢いをつけて、ゆっくりではありますが、丸太から丸太に飛び移れるようにもなってきました。

　丸太の上を一周して歩くことができたあとは、最後の丸太の上に立って、「よっしゃ！」と得意げにポーズを決めていました。

学びにつながる保育のポイント

いろいろと試し、できるようになる喜びを感じ表現する

「よじ登って上に立つ」「しゃがんで後ろ向きになって足から降りる」「両手を広げてバランスを取りながら降りられる」「跳び移れるようになる」というように、いろいろ試しながら自分の身体の使い方を学び、少しずつできるようになることに喜びを感じ、その喜びを表現する姿が育ちつつあります。

意欲が芽生え、葛藤しながらくり返す

「真似をしようとする」「何度もくり返す」のは、年長の子どもの姿を見て自分なりにイメージし、記憶したことを表出することを学び、くり返し身につけてできるようになることを期待する姿があります。また、こうなりたいという意欲が芽生え、葛藤しながらもやってみようとする姿も育ちつつあります。

援助のポイント　子どもの欲求や興味関心を理解する

心身ともにさまざまな力をつけてきた子どもは、旺盛な好奇心を周囲の環境に向け、積極的に関わろうとします。一人で遊んだり、保育者等と一緒に遊んだりするなかで、伸び伸びと体を動かし、思いを実現する体を獲得していきます。さまざまな遊びを楽しむなかで、走る、登る、跳ぶ、蹴る、投げる、もぐる、くぐるなど、体のさまざまな動きや姿勢を伴う遊びをくり返します。保育者は、その時々の子どもの欲求や興味、関心を理解し、応答的に関わることが重要です。

2歳児の「人間関係」
友だちにお弁当を作ってあげたい！

ここがポイント！
- 子どもが身近な人の行為を真似して遊ぶ
- 保育者は、子どものやりたいことを受け止め、応答的に対応する
- 保育者は、子ども自身が周りの人との関わりを楽しめるように援助する

事例　ままごと遊びで気持ちを伝えるGちゃん

　Gちゃんはままごと遊びが大好きで、毎日独り言をつぶやきながら、一人でままごとコーナーで遊んでいます。

　ある日、お鍋にチェーンをいっぱい入れて、お玉でぐるぐるかき混ぜて、お椀に移し替えることを楽しんでいました。お弁当箱には俵形のおもちゃやチェーンなどを具材に見立てて、詰め込んでいます。

　そしてできあがると、ハンカチでくるくるとお弁当をくるんで、保育者に「どうぞ」と言いながら持ってきてくれました。保育者が「これ、すっごくおいしいよ！　お料理上手だね」と伝え、保育者の隣に座っていたHちゃんにも「どうぞ」と渡してあげると、Hちゃんも急いで食べる真似をします。保育者がHちゃんに「お味はどうですか？」と聞くと、「おいしかった！」と答えてくれました。

　最初は恥ずかしくて保育者にしか渡せなかったGちゃんは、このやり取りを見て嬉しそうな表情を浮かべ、「今度は、Iちゃんに作ってあげる」と言いながら急いでお弁当を作り出しました。

　今では誰にでもお弁当を作っては、「どうぞ！」と持って行ってあげることができるようになりました。

学びにつながる保育のポイント

身近な人の行為や生活を知る

「具材に見立て」るなど、ご飯を作るという身近な人の行為や言葉を学び、真似をしながら生活の仕方に気づく姿が見られます。また、保育者を仲立ちとし、具体的な関わり方（行為や言葉）を学びながら、状況に応じた関わり方や言葉の使い方があることに気づき、やってみようとする姿が見られます。

身近な人と関わる心地よさを知る

ごっこ遊びを通じて、自分とは異なる思いや感情をもつ他の子どもの存在に気づき、どのように関わればよいかを試し、学びながら、少しずつ子ども同士関わりをもつようになる姿が見られます。保育者の援助を通じて子ども同士の関わりが深まっていきます。

援助のポイント　子どもが自分の想いを伝え、相手の思いに気づく配慮を

　この時期の子どもは、同じものに興味を示した子どもとの間に、ものを介したやり取りが生じたり、近くにいる子ども同士が同じ表情や動作をして、面白がって互いに顔を見合わせて笑ったりするなど、他の子どもと関わって楽しむ姿が見られます。こうした経験から、子どもは周囲の子どもに対する興味や関心を高め、自分から関わるようになっていきます。子ども同士の関わりにおいて、ときには葛藤し、ぶつかることもありますが、保育者はいつも自分の気持ちを受け入れてくれると子どもが感じられる態度をとることが大切です。子どもが自分の思いを伝えられるようになるとともに、相手にも思いがあることに気づくような仲立ちが必要です。例えば、泣いて訴えたりするような場面では、それぞれの子どもの思いをしっかりと認め、受け止めた上で、相手が何を求めていたのか、何が嫌だったのかということを言葉にして伝えるよう、仲立ちをします。子どもが、どのようにすれば気持ちよく過ごせるのかを考えられるように援助していきます。

2歳児の「環境」
砂場でケーキを作ろう！

ここがポイント！

- 砂遊びをしながら、砂という自然素材の性質や型を入れてひっくり返すと形になることに気づく
- ケーキに見立てた砂遊びが、友だちとの見立て遊びに広がる
- 友だちとの関わりを通じて、自分の物と人の物の区別に気づく

事例　砂のケーキを作るJくん

　砂場でカップに砂をギュッと詰め込んで、勢いよくひっくり返し「ケーキできた！　見て」と嬉しそうに保育者に声をかけてきたJくん。少しずつ砂が崩れて形が変わってきているものの、立派なケーキができ上がっていました。

　すると、Jくんの声を聞いた周りの友だち何人かが「ハッピーバースデートゥーユー」と集まってきて、手を叩きながら大合唱し始めました。さらに、みんなが園庭に落ちている草花や木の実や枝を拾ってきては、ケーキの周りや上にいっぱい置いたり、ローソクの代わりに小枝を刺したりしたので、ケーキが完全に崩れてしまいました。

　一生懸命ケーキを作ったJくんは、崩れたケーキを見て一瞬怒った様子を見せましたが、Kちゃんが「Jくん、ケーキみんなで食べよう」と言ってくれたので、うれしくなって笑顔が戻りました。

　そのあと、「いただきまーす」と手を合わせて、みんなでケーキを食べる真似をしました。

学びにつながる保育のポイント

砂遊びからケーキをイメージする

砂をギュッと型に詰め込んで固めると形になること、勢いよくひっくり返すことできれいな形ができることに気づき、できるようになっています。この経験から、「ケーキ」を見立て、イメージしながら砂遊びをする姿が見られます。

見立て遊びでの本物らしさの探求

さまざまな自然物をケーキの周りに並べたり、のせたりする姿が見られます。形について学び、どうすれば本物のケーキのようになるかを工夫しながらケーキを飾る姿が見られます。

援助のポイント　予想される遊びに限定することなく、子どもに共感的に関わる

　この時期の子どもは、身の周りで見つけた物を手に取り、形や色に気づき、並べたりしながら物の性質に気づいていきます。さらに、手や指先の力を調整しながら、そっと置いたり、飾ったりし、自分なりの発想や工夫で楽しめるようになっていきます。保育者は、予想される遊びに限定することなく、子どもの好奇心をもって遊ぶ姿を認めながら、豊かに遊びが展開されるように共感的に関わることが大切です。特に、「見て」とうれしそうに保育者に声をかけにきたようなときには、応答的に関わることが子どもの意欲につながります。また、「おいしそう」などといった言葉に即発され、それまでとは違う遊び方やイメージを取り入れて遊びが発展することもあります。

2歳児の「言葉」
友だちのけんかの仲立ちをする

ここがポイント！
- まだ相手の気持ちや行為、言葉が理解できず葛藤する姿
- 子どもが自分の思いを言葉で伝え、他の子どもの話も聞く姿
- 子ども自身が体験したことを理解し、相手の気持を思いやり、伝え合う姿

事例　おもちゃを取り合う姿、友だちをなだめる姿

　意見の食い違いや、おもちゃの取り合いなど、大小さまざまなトラブルが毎日起こります。そのたびに子どもたちは保育者に「助けて、なんとかしてよ！」と言いたげな目線で訴えてきますが、ひっかきやかみつきがない限りは、黙って子どもたちの様子をそばで見守るようにしています。

　ある日、LちゃんとMちゃんが、おもちゃの取り合いをして、引っ張り合いをしていました。そのおもちゃは複数ありましたが、人気があったため取り合いになったようでした。

　両方が泣きながらけんかをしていました。Mちゃんはよくお友だちをかむことがあるので、保育者が急いでそばに駆け寄ろうとしたとき、近くでケンカを見ていたNちゃんがMちゃんの頭をなでながら、「Mちゃんも、おもちゃがほしかったんだね」「でも、あとで貸してって言ったら貸してくれるよ」と代弁してくれました。

　Lちゃんは「あとで貸してあげるね」と言って、すぐにMちゃんに貸してあげていました。

Chapter 3 「乳児保育」「1歳以上3歳未満児の保育」「3歳以上児の保育」と子どもの学び

学びにつながる保育のポイント

言葉で訴え、気持ちに折り合いをつける

自我が芽生えるなかで、自分の思いを言葉で訴えること、友だちとのやり取りを学びつつあります。自分の気持ちは表現できても相手の気持ちは理解できずに、双方が思いや感情をぶつけ合いトラブルになりがちです。仲立ちする保育者や友だちが、子どもの悔しかった気持ちやほしかった気持ちに共感することで、気持ちに折り合いをつけることを学ぶ姿が見られます。

伝え方を知り、友だちの思いに気づく

「あとで貸してね」という言葉を友だちの仲立ちにより学びました。こういうときにはどんな言葉で応答すればよいのか、どのように言えばよいのかといったことを学びながら、行動する姿が見られます。友だちにも思いがあることに気づき、伝えるだけではなく、相手の思いも聴こうとするようになります。言葉による心地よい気持ちの伝え合いが芽生えます。

援助のポイント 子どもの気持ちや思いを受け止める

自我が芽生えるこの時期の子どもは、自他の区別が明確につくようになり、友だちや周囲への関心も高まってきます。まだ、相手の気持ちに気づけなかったり、自分の物がよくわかっていなかったりするためけんかになることもあります。保育者は、子どもの気持ちや思い等を言葉にして、双方に伝えることが大切です。自分の思いを保育者に受け止めてもらい、相手にも思いがあることを受け止める経験を重ねることで、子どもの自我が育っていきます。また、象徴機能の発達によりイメージする力が育ち、単語数も増え、言葉で周りの世界を捉え始めます。

2歳児の「表現」
リトミックを楽しむ子どもたち

ここがポイント！

- さまざまな動物や乗り物など自分のお気に入りのものになって表現を楽しむ
- 保育者や友だちを真似ながら自分の力でだんだんと動けるようになる
- 言葉を使ってなりきり、お店やさんごっこ、電車ごっこなどで遊ぶ

事例　リトミックで楽しむ子どもたち

　毎日、子どもたちはピアノの音を合図に、1 動物や乗り物など、自分のお気に入りのものになりきって、リトミックを楽しんでいます。

　最初はイメージがわかず、ピアノの音が聴こえてもじーっと立ち止まったままだった子どももいましたが、保育者や友だちの真似をしながらだんだん動けるようになってきました。

　友だちの真似をしている間は体の動かし方がぎこちなく、不自然な動きになっていましたが、子どもたちにとって身近なものからテーマを選ぶと、お店やさんやままごと遊びでの食事、電車ごっこ、など見立て遊びが得意な子ども達にとって、どのように体を動かせばよいかわかりやすいようでした。

　子どもたちは遊びながら「○○してるところ！」と伝えてくれたり、「いらっしゃいませ！」となりきったりしながら、さまざまなものをイメージして、体を動かして楽しんでいます。

　保育者が想像する以上の、子どもの想像力の豊かさを感じました。

学びにつながる保育のポイント

イメージして、なりきる

保育者の真似をしながら、イメージした動物や乗り物の動きを学び、体の動き方や言葉の使い方をなりきって表現しようとする姿が見られます。はじめはイメージしたように体が動かないものの、くり返し試すうちに、徐々にイメージに近い動きが表現できるようになります。

相手に言葉で伝える

自分が何をしようとしているかを保育者に言葉で伝えることを学んでいます。「いらっしゃいませ」とお客さんに言うなど、自分なりに言葉で表現する楽しさを覚え、遊びを深める姿が見られます。

援助のポイント　子どもがイメージを形にしやすい環境を構築する

この時期の子どもは、保育者の仲立ちによって真似をすることに興味や関心をもちます。それにより、体の使い方や所作、言葉を学び、生活に必要な言葉や行いを身につけていきます。特に、ごっこ遊びは、身近な生活を模倣して再現することから、経験を基盤として探求していきます。保育者は、子どもの興味や関心に寄り添いながら応答し、子どもがイメージしたことを再現しやすいような環境の構築に配慮することが大切です。

POINT 3

[3歳以上児の保育における、子どもの学びと5領域]

幼児教育を行う施設としての位置付け

2017年の保育所保育指針の改定では、保育所も幼稚園、認定こども園と並ぶ日本の大切な幼児教育機関として位置付けられました。これは、「保育所、幼稚園、認定こども園で行われる幼児教育が同質のものだということ」「3つの幼児教育機関を卒園して小学校に入学した子どもたちの育ちは同じであること」を示すものでもあります。

養護及び教育を一体的に行う

保育所における教育や、3歳以上児の保育における5領域を考えるとき、保育所保育の構造を理解していることが必要です。

保育所保育では「養護」が大切な原理・原則となっています。保育所において行うものはすべてが「保育」ですので、そのすべてが「養護」を基盤としたものになっていると言えます。また、保育所保育指針では「保育所における保育は、養護及び教育を一体的に行うことをその特性とする」と示されています。「養護及び教育を一体的に行うこと」は、保育所における教育の概念として大切なポイントです。

育みたい資質・能力、幼児期の終わりまでに育ってほしい姿、5領域

幼児教育とは主に3歳以上児の教育のことを指します。保育所における3歳以上児の保育で行われる教育も、この意味では幼児教育ということです。

2017年の改定では、「育みたい資質・能力」の三つの柱と「幼児期の終わりまでに育ってほしい姿」（10の姿）が示され、これらを意識して、子どもの発達や生活を見据えた保育そして幼児教育を行うことが示されました。

5領域とは、幼児教育における子どもの育ちに関わる内容を「健康」「人間関係」「環境」「言葉」「表現」の5つに分類したものです。この5領域の各要素を複合的に育てていくことで、子どもたちの自主性や主体性、社会性を育てながら、言語能力や知的能力、社会的能力を伸ばす構造になっています。

それぞれの領域には「ねらい」「内容」「内容の取扱い」の項目があります。「ねらい」は、子どもの自主性や主体性を育てる際に目指すべき方向性が、心情・意欲・態度などを含めた「資質・能力」の観点で示されています。「内容」には、「ねらい」を達成するための具体的な事柄が示されています。「内容の取扱い」は、「内容」に向き合う際の保育者の心構えです。子どもや地域社会と関わるときに必要となる観点が示されています。

保育における工夫

日々の保育では、5領域を念頭に置いて環境を整えていきましょう。その際、子どもたちが主体的に学ぶ環境や、ときに衝突や失敗などを経て試行錯誤できる環境、見通しをもって行動できる環境を整えていくことも必要です。そして10の姿は、定期的な保育の見直しの際に確認するようにします。

3歳児の「健康」
園庭の環境を工夫して広がる三輪車遊び

ここがポイント！
- なんでも自分でやりたいという意欲が見られる
- 遊ぶなかで楽しさや充実感を感じている
- 自分の思うように思い切り体を動かして遊んでいる

事例　園庭で三輪車遊びをする子どもたち

　子どもたちが、園庭で思いきり体を動かして遊ぶようになりました。また、思いおもいに三輪車に乗って遊ぶ姿も増えてきています。
そこである日、園庭のなかの三輪車が走る場所の地面に、長い直線や大きく曲がりくねった波線、ギザギザ線などを、たくさん描いてみることにしました。
　園庭に出た子どもたちは、見慣れないさまざまな線に少し驚いたようでしたが、すぐにその線を使って遊び始めました。子どもたちは、線に近づいて線のとおりに歩いてみてひととおり遊び終わると、三輪車に乗って遊びはじめました。
　線に沿って三輪車をこいでいきます。カーブのきつい所ではゆっくりハンドルを切りながら乗っています。直線は思いきりスピードを上げて走ります。何度か遊んでみるとコツをつかんだようで、「カーブでは、体を横に倒したほうがいいよ」と言いながらゆっくりとしたスピードでこいでいる子どももいました。
　並んで走って遊ぶ子どもたちも現れます。三輪車の列の先頭の子どもが、木の下をくぐろうとした際、後ろを向いて友だちに「トンネルに入りまーす」と声をかけていました。

学びにつながる保育のポイント

自分でやりたい気持ちが育つ

3歳児は、「なんでも自分でやりたい」という気持ちが育ってきて、自分の好きな遊び、興味のある遊びに取り組むようになってきます。これはねらい①「明るく伸び伸びと行動し、充実感を味わう」につながります。ただ縦横無尽に三輪車をこぐのではなく、園庭にあるいろいろな線によってイメージが引き出され、遊びの充実につながっています。

イメージや身体の動きが引き出される

園庭にあるいろいろな線は、ギザギザやカーブのきついところもあり、イメージだけでなく、それに合わせた身体の動きも引き出され、三輪車を器用にこいでいます。思い切り体を動かすというのは、走り回ったりするだけではなく、三輪車を使った身体の動きを自分でコントロールすることも含まれます。

援助のポイント　自分でやりたい気持ちを大切に、いろいろな遊びに取り組める環境を

子ども自身が自分でやりたいという気持ちを大事にし、いろいろな遊びに取り組めるような保育環境があるとよいですね。とくに身体の多様な動きが自然に生まれてくる遊びや保育環境を通して、子ども自身が充実感を感じられるようにじっくりゆっくりと遊ぶ時間を確保することと、楽しむ姿を認めていくことが大切です。具体的には事例のようなさまざまな線を引くと水平方向の身体の動きが多様になり、さらに段差や高低差があると、上下方向の身体の動きが多様になります。

3歳児の「人間関係」
園庭の環境を使ったままごと遊び

ここがポイント！
- 遊びを中心とした園生活を楽しんで過ごす
- 遊びに慣れてきたら、自分で遊びを広げていこうとする
- 友達とともに過ごす中で、一緒に遊びをする心地よさを感じる

事例　園庭の隅でままごと遊びをするAくんと男の子たち

　園庭の隅の方で、数人の男の子たちがままごと遊びでやりとりを楽しんでいました。プリンカップに砂を入れて、ひっくり返してケーキに見立てたり、スコップで砂を掘って山を作ったりする中で、イメージしたことやおもしろいと感じたことをやりとりしていました。そばにあった木箱をテーブルに見立てて遊ぶ子もいます。

　ふと網を見付けた子どもが、その木箱に網を載せて、バーベキューみたいとつぶやくと、何人かがそばに集まりました。バーベキューごっこの始まりです。園庭のいろいろな場所から集めてきた葉っぱや木の実、棒切れ、石などが、具材として網の上にいっぱい載っています。だんだんとバーベキューごっこに夢中になってきたようでした。

　Aくんが枝に葉っぱを何枚か刺したのを見て、他の子どもたちも同じように刺し出しました。「これはなに？」とたずねると「お肉」と答えてくれました。

　子どもたちは、網を載せている木箱の下にも棒や葉っぱがいっぱいあることに気づきました。それぞれがトングを握って棒や葉っぱを拾い、具材として網に載せています。「焼けたよ、おいしそう」と言いながら並べると、パーティを始めました。

学びにつながる保育のポイント

子どもたちの関係が育まれ、それぞれのイメージを伝え合う

園生活を楽しみ、自分たちでごっこ遊びを広げていく様子が見られます。これは、「人間関係」のねらい①「保育所の生活を楽しみ、自分の力で行動することの充実感を味わう」につながる子どもの姿です。子どもたちの関係が徐々に育まれ、ともにそれぞれのイメージを表現しながら遊びを展開します。

イメージを広げて見立てる力が育つ

子どもたちは自分でイメージを広げながら、葉っぱや木の棒を肉や具材などに見立てる力が育ってきています。その見立てたものを他の児童と共有しながら、遊びを自分たちで進めていく姿が見られます。場を共有し、遊びを同じようにする心地よさを感じることが関係づくりの土台になっています。

援助のポイント　遊びの拠点となりイメージが広がるような環境を

園庭に「遊びの拠点」となる場や物的環境（木箱や網、トングなど）があると、そこでごっこ遊びなどが生まれ、子ども達のイメージが広がり、やりとりが生まれてきます。多くの園にある砂場遊びのためのスコップやバケツや型抜きなどだけではなく、友だち同士でイメージのやりとりが生まれやすい場になるためにどのようなものがあるとよいかを考えてみましょう。イメージが広がりにくいときには、保育者も一緒に遊びの輪に入り、ともに遊びを広げるとよいでしょう。

3歳児の「環境」
アリを見て言葉で伝え合う

ここがポイント！
- 子どもの興味・関心が生き物や動植物に向いている
- さまざまなものや出来事に、好奇心・探究心が芽生えてきている
- 気付いたり、疑問に思ったことを口に出す姿が見られる

事例　アリの観察をするBちゃんとCちゃん

　子どもたちは、日頃から園庭のさまざまな場所を観察しています。

　ある日、園庭に出てみると、アリの大群がいました。よく見てみると、死んだダンゴムシにアリが群がってダンゴムシを運んでいるようでした。

　何人もの子どもたちが、アリの様子を覗き込んでいます。Bちゃんが「見て、ダンゴムシの上にアリいっぱい乗ってる！」「アリ、お砂糖が好きだと思ってたのに、ダンゴムシが好きなんだ」と驚きや気づきを伝えていました。それを聞いた虫や生き物が大好きなCちゃんが「お砂糖もお菓子もアリは好きなんだよ。でも、死んだ虫を食べてお掃除してくれてるんだよ」と教えてくれました。一緒にアリを見ていた子どもたちは、「へー」と感心したように相槌を打っています。

　アリが一列に並んで巣のほうにダンゴムシを運んでいく様子を、子どもたちは座り込んで観察していました。「どこまでも、どこまでも並んで歩いて、家わかるのかな？」などと、つぶやきながら、アリの行列を追いかけ始めました。じっと見入ったり、感じたことをつぶやきながら、2人だけの世界ができているようでした。

学びにつながる保育のポイント

興味をもって観察する

子ども達がダンゴムシに群がるたくさんのアリを見つけて観察している様子は、「環境」のねらい①「様々な事象に興味や関心をもつ」につながる子どもの姿です。子どもたちは自分の視野に入った"おもしろそうなもの""なんだろう"と思うものに心惹かれます。そこから「どうして？」「これはなに？」という知的好奇心が生まれてきます。

3歳児なりに知っていることを伝えあう

3歳児なりに知っていることを伝えたり、気づいたことや不思議に思ったことを口に出したりする姿は、アリの生態についての学びが生まれてきている姿です。図鑑や絵本を見て知っていること、他者から聞いて知っていることを目の前の実際のアリの様子に照らし合わせて捉えようとしています。そこから新たな疑問や不思議が生まれていきます。

援助のポイント　保育者も関心を寄せて認めて共感する

「なにこれ？」とか「見てみて！ おもしろいのがあるよ」というように、子どもが興味を示したものに保育者自身が関心を寄せて、認めて、共感していくことが、より豊かな体験や学びにつながります。子どもは興味をもったものをじーっと見つめる（観察する）ことも多いので、そのとき感じていることや、触ってみようとしている姿を捉えてみましょう。また、室内で飼育をする際、それらに関連する絵本や図鑑を近くに置いておくとよいでしょう。

3歳児の「言葉」
見て！ 虹が出てる！

ここがポイント！

- 伝えたいことがあるから、"生きた言葉"が生まれる
- 子どもが言葉で伝えようとする意欲を引き出す
- 子どもの言葉を受け止めて、共感する

事例　園庭で虹を見つけたDちゃん

　夏になると、園庭にミスト装置を使って水をまくことがあります。子どもたちは、霧状の水の下をくぐり抜けたり、水を浴びたりするのが大好きです。

　ある日、園庭のミストの中に虹が出ていました。最初に見つけたDちゃんが保育者を呼びに来て、「見て！ 見て！ 虹がここに出てる」と虹のほうを指差して教えてくれました。

　Dちゃんのそばには何人か子どもたちがいて、Dちゃんの言葉を聞いていたので、虹を見たいと探したものの見つけられず、「どこ、どこ？ 見えないよ？」とミストの下で目を凝らしています。Dちゃんは、一生懸命に指を差して伝えていました。

　しばらくして、子どもたちは角度によって虹が見えることがわかり、「ここにきたら見えるよ」と伝える子どもが出てきました。「ちっちゃい虹だけど、色は一緒だね」と言う子どももいます。

　実は子どもたちは、数日前の夕方に、空に出ていた大きな虹を見ていたのです。そのことを思い出して、虹の色が同じ色だったことに気づいたようでした。空の虹はだんだんと色が薄くなって夕焼け空に消えて行きましたが、その虹を不思議そうに見ていたときの記憶が、ミストの虹を見て思い出されたようです。

学びにつながる保育のポイント

嬉しい気持ちを伝える

小さな虹を見つけたDちゃんは、嬉しくて保育者に一生懸命に伝えようとしています。このように3歳児になると、自分が見つけたことや面白いと思ったこと、自分がしていることを言葉にして表現しようとする姿がよく見られます。それが「言葉」のねらい①「自分の気持ちを言葉で表現する楽しさを味わう」につながってきます。

自分の経験を言葉で伝える

小さな虹と、空に浮かぶ大きな虹の色が同じであること、どうすればよく見えるかの角度についても気づいています。このようなふとした気付きをつぶやいたり、保育者に伝えようとする姿は、「言葉」のねらい②「自分の経験したことや考えたことを話し、伝え合う喜びを味わう」にもつながってきます。

援助のポイント 子どもが伝えようとすることを受け止めて共感する

おしゃべりがどんどん達者になってくる3歳児には、「見て、見て〜」と自分が心動かされたことを保育者に伝えようとする姿があります。保育者はそれを受け止めて、共感していくことが大切です。そのため、保育者の役割としては、子どもが保育者に伝えようとしている姿に、「おもしろいね」「すごいね」「いいの見つけたね」などのように、子どもに共感しながら子どもの言葉を引き出す声かけを積極的に行うことが大切です。

3歳児の「表現」
この石は、おおきい、ちいさい

ここがポイント！
- 子どもがどのようなものに心を動かされているのかを見る
- さまざまなものに触れるなど、心動かされる体験が豊かな感性の育ちにつながる
- その子なりの表現に注目してみる

事例　集めた石を分けているEちゃん

　その日のEちゃんは、園庭で石集めをしていました。

　園庭に落ちている石をバケツがいっぱいになるまで集めてくると、台の上に並べ始めました。「何をしているのかな？」と保育者がそっと見守っていると、石を並べながら「おおきい」「ちいさい」「おおきい」「ちいさい」と声に出しながら分けているようでした。

　台の上には大きな石が並んでいて、バケツの中には小さな石ばかりが残っています。引き続き見ていると、「ちょっとおおきい」「ちょっと小さい」とさらに細かく分けはじめました。

　Eちゃんはその後も、白い石や黒っぽい石があることや、丸い石や角がある石があることにも気づいたようで、そのたびに「しろい」「くろい」とつぶやいたり、「まるい」「しかくい」と言いながら分けたりして、台の上にはたくさんの石が並びました。

　さらに、並んだたくさんの石を見ながら、「こっちは丸いの、こっちは小さいの、こっちは白いの、こっちはきれい……」とつぶやいて、自分で集めた石に満足しているような様子でした。

学びにつながる保育のポイント

嬉しい気持ちを伝える

いろいろな石を集めたり、分けたりするなかで、大きさや形、色や質感などについて感じている姿は、「表現」のねらい①「いろいろなものの美しさなどに対する豊かな感性をもつ」につながる子どもの姿です。大人からするとただの石でも、子どもにとっては何か心を動かされるものなのです。その子どもなりの感性が働いています。

質感や量的な感覚を経験する

いろいろな石を集めたり分けたりする遊びのなかで、「生活の中で様々な音，形，色，手触り、動きなどに気付いたり、感じたりするなどして楽しむ」という「表現」の内容①に示されている経験をしています。また、大きい・小さい、ちょっと大きい・ちょっと小さいなどの量的な感覚も育ってきています。

援助のポイント　心が動かされ、その子なりに表現する経験ができる環境をつくる

何かを見たときや、何かを見つけたときに、「おもしろいなあ」「不思議だなあ」「これは何だろう？」と心を動かされることが感性の始まりです。そのような心動かされる感性が土台となって、その子なりの表現が生まれます。子どもの豊かな感性を育むためには、いろいろなものに触れるなかで、美しさや不思議さなどを感じる機会がたくさんあることが大切です。園庭や公園の草花などのいろいろな素材、いろいろな音などを感じられる環境があるとよいでしょう。

4歳児の「健康」
逆上がりできたよ！

ここがポイント！
- 身体を動かす楽しさを感じている
- 様々な身体の部位が動くような多様な遊びをしている
- 挑戦してみようとする気持ちを大切にしながら遊ぶ

事例　逆上がりに挑戦するFくん

　4歳になり、子どもたちは鉄棒で遊ぶことも増えてきました。

　ぶら下がったり、前回りをしたり、逆上がりに挑戦したりと、いろいろな子がいます。そんな中、逆上がりをしようとしている友だちの姿に触発されたFくんも逆上がりに挑戦し始めました。一生懸命に挑戦しているFくんですが、鉄棒からお腹が離れていまい、逆上がりをすることができません。毎日園庭に出てくると、すぐに鉄棒に向かい、鉄棒をしっかりと握って足を上げて逆上がりの練習をしています。

　そのように何度もチャレンジしているうちに、ときどき回ることができるようになりました。Fくんは嬉しそうに「見て！　見て！」と、保育者に呼びかけます。

　保育者がFくんのそばに行ってみると、何度も足を上げて回ろうとするのですが、本人も焦ってしまうようで回れません。そこで保育者が、少しFくんの背中を押し上げて支えてあげると、くるりと回ることができました。

　そのあとも1週間ほど、毎日鉄棒での逆上がりを繰り返し挑戦し続けたFくん。少しずつコツを掴み、徐々に自分だけで逆上がりができるようになってきています。

学びにつながる保育のポイント

何度も逆上がりに挑戦する

何度も鉄棒の逆上がりに挑戦している姿は、「健康」のねらい②「自分の体を十分に動かし、進んで運動しようとする」ということにつながるものです。逆上がりの成功には、引き付ける手の力、全身の動き、タイミングなどの要素が絡み合います。このように鉄棒で遊んでいるうちに、自然にいろいろな体の動きをしています。

できなくても挑戦しようとする

できなくても何度も挑戦する姿は、進んで運動しようとする姿でもあり、できるようになりたいという心の育ちでもあります。うまく逆上がりができたときの身体感覚（逆上がりのコツ）は、何度か成功する中で少しずつ自分のものになってきています。このように挑戦心、粘り強さ、身体感覚も育ってきています。

援助のポイント　遊びを通してさまざまに身体を動かすことができる環境を整える

スポーツとしての運動ではなく、身体を動かす楽しさが土台となって、遊んでいるうちに自然にいろいろな体の動きが生まれてくることが大切です。鉄棒を握って体を鉄棒に引き寄せたり、足で地面を蹴り上げたりといった様々な身体の動きや感覚は、個々の子どもによって違います。そのため、鉄棒に限らず個々の子どもの様子を捉え、何を手助けすればよいのかを考えること、それぞれの子どもに応じた関わり方が大切です。

4歳児の「人間関係」
積み木でかまくらを作ろう！

ここがポイント！
- 子ども同士がともに遊び合う物や場を用意する
- 一緒に遊ぶ楽しさ、自分たちで遊びを進める楽しさを感じられるようにする
- 子ども同士の関係をつなぐように意識する

事例　積み木で「かまくら」作りをする子どもたち

　保育室内での遊びで、積み木で遊ぶことが子どもたちは大好きです。

　ある日、積み木で「かまくら」を作ることになりました。一つひとつ楽しみながら積み上げていき、だんだん高くなってくると椅子を使って積み上げている子どもも出てきます。

　何人かの子どもたちが、一緒に「かまくら」を作っていたのですが、子どもたちのなかでルールができ、役割分担も決まってきたようでした。

　椅子の上に立って積み上げるときは、椅子の上に立っている友達に下から積み木を渡す子どもがいます。椅子の上に立って積み上げている子どもは、倒さないようにゆっくりと慎重に積んでいます。

　また、子ども同士の様子を見ていると、何個か積むと、積む役と渡す役を交代しているようでした。

　あと一息でできるというところで壊れてしまうこともあり、子どもたちは残念そうにしていますが、しばらく経つとまた一からやり直します。

　誰かが積み木を崩しても「もう一回」と声をかけ合って、「かまくら」を作ろうと気持ちを一つに取り組んでいます。

学びにつながる保育のポイント

子どもたちが一緒に自分たちで遊びを進める

子どもは一緒に遊び合い、自分たちで遊びを進めていく経験をするなかで、他の児童に対しての仲間意識や信頼感が芽生えていきます。この事例はまさに、「人間関係」のねらい②「身近な人と親しみ、関わりを深め、工夫したり、協力したりして一緒に活動する楽しさを味わい、愛情や信頼感をもつ」につながる事例です。

役割を交代して遊ぶ

自分だけが主になって遊びを進めるよりも、交代しながら進めた方が楽しく気持ちがいいことだと感じ、役割交代が自然に生まれてきています。また、うまくいかないことに出合っても誰かのせいにするのではなく、「もう1回やろう」と声をかけ合うなかで、共通の目的をともに達成していこうとする気持ちが育ってきています。

援助のポイント　集団で遊びを進める楽しさは、定番の物的環境から

積み木やままごとなどの定番の物的環境で日常の遊びが充実することによって、個人で遊びを進めるよりも、一緒に遊びを進めるほうが楽しいと感じるようになるので、そのための物や場を用意します。また、保育室環境や園庭環境のなかに遊びや活動の拠点となる場（自由にお絵かきできるテーブルや折り紙を作れるコーナー、机上遊びができるテーブルなど）を用意すると、子どもたちがそこに集まり、関係が育まれていくきっかけになります。

4歳児の「環境」
草花のこすり出し遊びをしよう!

ここがポイント!
- 子どもが自分自身でいろいろと試すことができるようにする
- 試したり、試行錯誤するなかで気づきや発見が生まれる
- 子どもがいろいろ考えて試すなかで、気づきが学びになっていく

事例　草花のこすり出し遊びをする子どもたち

　子どもたちが草花の観察をしているので、草花に触れる新たな機会になってほしいと、コーヒーフィルターを使ったこすり出し遊びを行うことにしました。

　コーヒーフィルターに思いおもいの草花を挟んで、コーヒーフィルターの上から硬い棒などでこすって、コーヒーフィルターに移る草花の色を楽しみます。

　最初は1つの草花をこすっていた子どもも、うまくできたことで興味をもったのか、同じ紙に別の草花を挟んでこすり始めました。そうして、2つの草花のそれぞれの色が混ざり合ったきれいな色を楽しんでいました。

　何度か繰り返していると、子どもたちは、2種類の花を一緒に挟んでこすり出すと何色になるかを、当てっこしはじめました。黄色と青色とでこすると緑色になる、赤色と青色とでこすると紫色になるとなどと言い合っては、こすって確かめていました。

　なかなか色の出ない草花の場合は、水を垂らして色を出やすくするなど、工夫して遊んでいます。

Chapter 3 「乳児保育」「1歳以上3歳未満児の保育」「3歳以上児の保育」と子どもの学び

学びにつながる保育のポイント

力加減を調整して、何度も試してみる

　子どもは草花を強くこすってみたり、弱くこすってみたりしながら、どうやったらうまくコーヒーフィルターに色が出てくるかを試しています。試すなかで、うまくいく方法に気づく場合もあれば、うまくいかない場合に水を垂らすとうまくいくことに気づく場合もあるでしょう。そのように気づいたことが子どもにとっての体験を通した学びになります。

色を混ぜて遊ぶ

　この事例は、「環境」のねらい②に示されている「発見を楽しんだり、考えたりし」につながります。自分でいろいろな花ややり方で試してみるなかで、子どもたちは自分で考えて、新たなことを試していきます。またやってみて気づいたことをもとに、「花を混ぜてこすると何色になるか」とあてっこしたり、予想を立てたりして、色の性質にも気づいて学びが生まれます。

援助のポイント　子ども自身が試してみることのできる環境を用意する

　「こうしてみたら、こうなったよ」「こんなことしたらどうなるのかな？」と子ども自身が遊びや活動を経験するなかで試してみることで、「やってみるなかで気づいたり、考えたりする」姿が生まれてきます。そのために、保育者は答えや正解を教えるよりも、「どうなるかな？」「こうしてみたらどう？」と問いかけたり、提案してみるような関わり方を意識するとよいでしょう。さらに、うまくいかないことも大事な経験なので、いろいろ試すことができるように素材などを豊かに用意しておきましょう。

4歳児の「言葉」
おたまじゃくしはどうやってカエルになるの？

ここがポイント！
- 子どもの伝えたい思いが生まれた瞬間を大事にする
- 子ども同士の言葉の伝え合いを引き出す
- コミュニケーションとしての言葉のやりとりを大事にする

事例　おたまじゃくしを飼育して観察するGちゃん

　保護者から頂いたおたまじゃくしを、大きくなるのを楽しみにしながら毎朝水替えの世話をしています。

　世話をし始めてから2週間ほど経った朝、Gちゃんがおたまじゃくしを見て大声を上げていました。「だれか?!　だれか?!」「後ろ足ができてる！」と、初めて見た感激を大声で知らせます。そのGちゃんの様子に、他の子どもたちも水槽の周りに集まり、口々に感じたり、気づいたりしたことを伝えたりと共感し合う姿が見られました。

　おたまじゃくしがどのようにカエルになるのか、子どもたちは興味津々の様子です。「後ろ足が出たら、次は前足が出てくるの？」「しっぽはどうするの？」「どうしてしっぽがなくなるの？」など疑問がいっぱい出てきます。

　保育者は子どもの言葉を「ほんとだねぇ」「どうなるのかな？」と一つひとつ受け止めています。また、Gちゃんと他の子どもたちとの言葉のやりとりを見守っています。普段、Gちゃんはあまり自己表現するのが得意ではありませんが、この日はよほど自分が感じたこと、心動かされたことが大きかったのか、他児との言葉のやりとりがたくさん生まれています。保育者はその場に加わり、その様子を穏やかに見守りました。

学びにつながる保育のポイント

変化に気づき、伝えようとする

おたまじゃくしの変化に気づいたことを伝えようとする姿は、「言葉」のねらい①「自分の気持ちを言葉で表現する楽しさを味わう」につながる姿です。感じたこと、気づいたこと、不思議に思ったことを他の子どもたちに伝えようとするなかで、どうすればうまく伝わるかを考えています。

自分の言葉を伝えたり、他の子どもの言葉を聞いたりする

自分の言葉を保育者や他の子どもに伝えたり、他の子どもの言葉を聞いたりするなかで、言葉を交わす喜びや伝え合う楽しさを感じていきます。そのようななかでコミュニケーションとしての言葉、状況に応じた言葉のやりとりをする力が育っていきます。

援助のポイント 自分なりの言葉で表現できる、心動かされるような体験を

領域「言葉」は、自分の気持ちや思いを相手に伝えるだけでなく、考えや疑問、気づいたことやアイデアなども自分なりの言葉で表現し、それらを伝え合うことが大切です。そのためには、子ども自身が心を動かされるような体験を通して、自分が伝えたい思いをどんどん伝えようとする姿を引き出したり、受け止めたり、他の子どもとつないだりするような援助が必要です。うまく伝わらないような場合には、さりげなく「このように言ってみたらどうかな」と助言することも時には必要です。

4歳児の「表現」
泥だんご作りをしよう！

ここがポイント！
- 何かを作る過程における子どもなりのこだわりを大事にする
- 何度も繰り返して作るなかで、工夫する力を大事にする
- 子どもなりのイメージを表現する楽しさを大事にする

事例　泥だんご作りをする子どもたち

　3歳児の頃はカップやバケツに砂をいっぱい入れたり、型抜きに砂を入れてひっくり返して遊んだりすることが大好きだった子どもたちも、4歳児になると、年長児にあこがれて、泥だんご作りに夢中になる子どもが増えてきました。

　最初はだんごというよりも、砂のかたまりに近かった子、手の中に入るほど小さな団子をたくさん作っていた子も多くいましたが、泥だんご作りが大人気になってくる頃には、形がうまく、大きく作れるようになってきて、毎日のように友だちや先生に「みて、みて」と自分が作った泥だんごを見せてくれるようになってきました。

　子どもたちのなかには、とても大きな泥だんごを作ったり、硬い泥だんごを作ったりする子どもも見られるようになってきました。

　さらに自信がつくと、自分なりのイメージで泥だんごを作り始めました。ピカピカの泥だんご、カチカチの泥だんご、黒光りする泥だんごなどを作り、それぞれ自分の作った泥だんごの出来を自慢し合っています。

学びにつながる保育のポイント

毎日同じ遊びをするなかでの違いへの気づき

毎日同じようなことを繰り返すなかで、子どもは泥や土の湿り具合や色合い、手触りなどを感じています。その中で手の動かし方や握り具合などをいろいろ工夫する様子が見られます。小さいものから大きなものへ、さらに固いものやピカピカするものなど、作り方を工夫する力が育っています。

自分のイメージするものを作ろうとする

事例のように長期間にわたって取り組む中で、「表現」のねらい②「感じたことや考えたことを自分なりに表現して楽しむ」姿につながっている様子が読み取れます。ピカピカにしよう、黒光りさせよう、カチカチにしようなど、自分のイメージに近づくように泥団子を作っています。このように自分の考えたことやイメージしたことを表現する力も育ってきています。

援助のポイント 何かを作り出すという過程を経験できるよう、さまざまな素材を用意する

　音楽、造形、身体表現だけでなく、事例のように子どもが何かを作り出していく過程も含めての領域「表現」なので、日常的に、自分で紙を切ったり、のりで貼ったり、セロテープでくっつけたりしながら、自分なりのイメージを形にしていく経験ができるように、様々な素材を用意するとよいでしょう。

　また、自分が作ったもの（表現したもの）を他の子どもや保育者に見てもらいたいという気持ちを受け止めて、共感しましょう。

5歳児の「健康」
食事の時間に配膳当番をしよう！

ここがポイント！
- 自分たちで主体的に園生活を進められるようになる
- 見通しを持って生活を進められるようになる
- 健康、安全な生活に必要な習慣や態度を身につけていく

事例　食事の時間の配膳当番の子どもたち

　園では、3・4・5歳児の食事は子どもたちが配膳当番となり、子どもたち自身が食事の準備をすることにしています。配膳当番の子どもや当番の子どもたちがやることは、最低限は決まっていますが、毎日繰り返して行うなかで、子どもたちの工夫も見られるようになりました。

　例えば、配膳の時間が近づくと、年長児は時計を見て、3・4歳児に食事の時間になったことを伝え、遊びを終えて食事に向かえるようにします。

　配膳当番の子どもは、時間になるとエプロンやマスク、帽子をかぶって配膳の準備のための身じたくを行います。身じたくができた子どもは、カウンターからご飯や汁物やおかずなど、食事を受け取り配膳台に載せます。

　当番以外の子どもたちが、トレーに食器や箸などをセットして順番に並ぶと、配膳当番の子どもは自分の前に来た子どもに「どのくらい食べますか？」と聞きます。たずねられた子どもは「ふつう」「たくさん」「すくなめ」などと伝えて食事をよそってもらいます。

　このようにすることで、異年齢の関わりが増えました。

　また、好き嫌いのあった子どもも、友だちと一緒に食べることで、食べること自体が好きになるようです。この食事の方法に慣れてくると、自分の体調に合わせて「おかわり」をする子どもも増えてきました。

Chapter 3 「乳児保育」「1歳以上3歳未満児の保育」「3歳以上児の保育」と子どもの学び

学びにつながる保育のポイント

生活を見通して行動する

「健康」のねらい③の「健康、安全な生活に必要な習慣や態度を身に付け、見通しをもって行動する」に関連した事例です。園生活にも慣れた5歳児は、「何をしないといけないか」という生活の見通しをもっています。見通しがあるからこそ、「これをやったら、次はこうしよう」というような流れを自分のなかでイメージしながら園生活を営んでいます。

主体的に準備をする、食べる分量を決める

「健康」の内容の取扱い④に「和やかな雰囲気の中で保育士等や他の子どもと食べる喜びや楽しさを味わったり、(中略)進んで食べようとする気持ちが育つようにする」と示されています。自分たちで主体的に給食の準備をしたり、食べる分量を自分で決めたりしているからこそ、進んで食べようとする気持ちが育っています。

援助のポイント　「次はこうしよう」という見通しをもてるような、生活の視覚化

「時計を見て、もうそろそろ給食の時間だよ」「これの準備が終わったら、次はこうするよ」といった見通しをもてるようにするためには、保育室のなかに、見てすぐわかるような時計の工夫、生活の流れの可視化などの工夫が必要です。子どもたち自身の時間感覚が育ってくると、主体的に、見通しをもって、園生活を進められるようになります。年度後半に近づいていくにつれて、子どもたちに任せる部分を増やしていくとよいでしょう。

5歳児の「人間関係」
ドッジボール大会に向けて

ここがポイント！

- 協力したり、共通の目的をもって取り組んだりしていく経験を、たくさん積み重ねる
- 協同的な遊びや活動を通して、仲間意識、チーム意識が高まるようにする
- 子ども自身の葛藤やつまづきを通して、折り合いをつける経験を重ねる

事例　ドッジボールでボールを取り合う子どもたち

　ドッジボールをすると、必ずボールの取り合いでトラブルが発生していました。それも、ボールを投げたい子どもが多いため、同じグループの仲間同士で取り合いをしてしまうのです。相手のチームの友だちに言われ、ジャンケンで決めますが、負けた子どもはおもしろくなくて、ドッジボールをやめてどこかへいってしまいます。

　そんななか、地域の3か所の園同士でドッジボール大会をすることになりました。子どもたちは大張り切り、みんなでルールを決めて練習することになりました。保育者にも試合の挑戦状を持ってくるほどの張り切りようで、子ども30人に対して保育者10人が名乗り出ました。「子ども相手といえども容赦しない」「負けても最後まで泣かずに頑張る」、この2つを両者の誓いの言葉にしました。子どもたちは、すぐに当てられてどんどん外野へ。残った2人の子どもは仲間の声援を受けながら、当てられないようにボールを受けずに逃げ回っていました。結果的に、保育者も何人か外野へ出たものの、保育者チームの大勝利。負けて悔し泣きをする子どももいましたが、他の子どもに誓いのことを言われて泣くのをやめていました。その後、大会では見事優勝を果たしました。

学びにつながる保育のポイント

思いがぶつかり
トラブルや葛藤が起きる

　子ども同士の関係が芽生えてくると、互いにぶつかり合い、やがて自分の思いを一方的にぶつけるだけではトラブルになることを学んでいきます。そのようななかで、遊びを通して仲間意識が芽生え、一緒に頑張っていく経験を重ねていき、葛藤やトラブルを乗り越えていくことで「人間関係」のねらい③「社会生活における望ましい習慣や態度を身に付ける」姿が育っていきます。

相手のチームに
勝ちたいという気持ち

　大会に向けての保育者との練習試合の様子からは、「人間関係」のねらい②「身近な人と親しみ、関わりを深め、工夫したり、協力したりして一緒に活動する楽しさを味わい、愛情や信頼感をもつ」姿が見られます。勝ちたいという思いでチーム意識が生まれ、仲間意識が高まり、一緒に活動する心地よさも感じています。

援助のポイント　一致団結と、気持ちに折り合いをつける経験の積み重ね

　「人間関係」の内容の取扱い④に「人に対する信頼感や思いやりの気持ちは、葛藤やつまずきをも体験し、それらを乗り越えることにより次第に芽生えてくることに配慮する」とあります。子どもたちが一致団結してチーム意識が芽生えるきっかけを、保育者がつくるようにしましょう。また、自分の気持ちに折り合いをつける経験を何度も積み重ねていくなかで、自分の気持ちを調整する力が育つことを踏まえ、そのような機会を逃さないことも大切です。

5歳児の「環境」
園庭で、茶摘みをしよう！

ここがポイント！
- 子どもが試して、いろいろな気づきが生まれる経験を積み重ねる
- 経験したことや気づいたことをもとに、新たな経験ができるようにする
- どうするとよいかを考えて試したり、工夫したりする思考力を育む

事例　園庭にある葉っぱでお茶はできるかな？

　普段子どもたちは、園庭では砂場で遊んだり、草花などで色水遊びをしたり、体を動かして遊んだりしています。遊びの中で草花や木々に触れてほしいと思い、園庭にはいろいろな草花や実のなる木、ハーブも植えています。春の園外保育（遠足）の行先を考える際、遠足での経験が園内の遊びや活動にも広がるようにと考え、お茶摘み体験をすることにしました。

　園外保育で、お茶摘み体験をして、葉っぱを揉んだり、蒸したりしてお茶にする過程に興味津々だった子どもたち。園に戻ってから、「園庭に植えているいろいろな木の葉っぱでもお茶ができるだろうか」と子どもたちと調べてみると、お茶になる葉がいくつかあることがわかり、試してみることになりました。ハーブ、ビワ、レモン、柿、ユーカリの葉などを、摘んだあとに洗って、茶葉と同じように蒸してお茶を作りました。

　子ども達は自分たちで作ったお茶を飲み比べてみます。一番おいしいと選んだのは、「レモンの味がしておいしい」ということで、レモンの葉っぱのお茶でした。

　今回のようにお茶にしてみる以前にも、葉っぱで色水を作る遊びをしていましたが、蒸してお茶にするとみんな茶色になり、家で飲んでいるお茶の色と同じになったことで、さらに興味が生まれてきたようです。

学びにつながる保育のポイント

経験や知ったことをもとに、新たに試してみる

子どもたちには、経験したこと、知ったことなどをもとに、新たなことを試してみる力が育ってきています。「環境」のねらい②に「身近な環境に自分から関わり、発見を楽しんだり、考えたりし、それを生活に取り入れようとする」とありますが、まさに園外保育の経験を自分たちの園での遊びに取り入れて活かそうとしています。

色水遊びやお茶作りをする

葉っぱで色水遊びをしたり、お茶づくりをしてみるなかで、子どもたちは葉っぱをすりつぶしたり、蒸したりすることで葉っぱから色が出てくることに気づいています。これは、「環境」のねらい③「身近な事象を見たり、考えたり、扱ったりする中で、物の性質（中略）に対する感覚を豊かにする」につながっています。

援助のポイント　子ども自身が試行錯誤することのできる環境を

子どもが自分でいろいろなことを試行錯誤することができる環境を工夫しましょう。経験したことや新たなことを試してみる中で、新たな気付きや発見が生まれます。その中で、子どもたちは考えたり、工夫したりして対象（物）と関わり、その性質についての感覚が豊かになります。そのため、指示や説明よりも、子どもが自分で答えを見つけていけるような問いかけを大事にして、保育を進めていくとよいでしょう。このような関わりが、子どもの思考力を培っていくことになります。

5歳児の「言葉」
今日の出来事を伝えよう！

ここがポイント！
- 全員の前で、楽しかったことなどを発表する機会をもつ
- 子どもに司会を任せる
- 他の子どもの話を聞く楽しさや、聞きたいという意欲をもてるようにする

事例　帰りの会で今日の出来事を伝え合う子どもたち

　帰りの会では、3・4・5歳児の異年齢グループが集まり、今日1日の出来事の中で楽しかったこと、嫌だったことなどを話し合うことにしています。最初は人前でうまく話せない子も少しずつ慣れてきたり、他児の話す内容や話し方を聞く中で真似して話してみたりする子もいます。他児の話を聞くときも、「○○ちゃんのお話を聞きたい」と聞く子もいれば、「ぼくも！」「わたしも！」という思いが生まれる子もいます。

　最初は保育者が進行役を勤めますが、徐々に子どもたちに進行役を任せるようにしています。進行役は、5歳児が順番に当番制で担当しています。当番になった子どもは、「○○ちゃん、今日は楽しかったですか？　何か困ったことはなかったですか？」などと順番に聞いてまわります。嫌なことがあった友だちの話のときは、「どうしてほしかったですか？」と聞いたり、「みんなはどうしたらよかったですか？」などと他の子どもたちに意見を聞いたりすることにしています。

　また保育者からも、大きなトラブルがあった子ども同士が解決した報告や、みんなの役に立つようなことを自分から進んでしてくれた友だちがいたこと、などを伝えるようにしています。進行役になった子は緊張もしていますが、だんだんと人前で話ができるようになってきています。

学びにつながる保育のポイント

人前で話したり、人の話を聞いたりする

リーダーとして司会をするなかで、子どもは人前で話したり、人の話を聞いたりして、場に応じた言葉などを知っていきます。これは、「言葉」のねらい②「人の言葉や話などをよく聞き、自分の経験したことや考えたことを話し、伝え合う喜びを味わう」や、③「日常生活に必要な言葉が分かるようになる」につながってきます。

親しみをもって聞いたり話したりする

一人ひとりの子どもが自分の気持ちや今日の出来事を話すような機会があることで、話す力、聞く力だけでなく、親しみをもって聞いたり、話したりすることの大切さ、言葉を交わす喜びを感じることになります。そのような他者との言葉のやりとりのなかで、様々な言葉を獲得していきます。

援助のポイント　自分の経験を、わかりやすく順序立てて話す機会をつくる

まずは「どんなことをしたか」という経験を話すことから始めて、その次の段階で「楽しかったことや困ったこと」を話すというように、経験を掘り下げていくようにするとよいでしょう。保育者や他の子どもがその子どもの話を聞いて受け止めたり共感してくれたりするからこそ、また話したいという意欲につながります。そのようななかで、いろいろな言い回しや、自分の気持ちを伝える言葉など、様々な生きた言葉に触れる機会をつくっていきましょう。

5歳児の「表現」
キャンプで秘密基地を作って遊ぼう！

ここがポイント！
- 子どもたちが創り出す遊びや活動を大切にする
- 自分たちの経験やイメージを互いにやりとりして膨らませていく
- 素材などを組み合わせながら活用するなかで、試行錯誤や工夫が生まれるようにする

事例　デイキャンプで秘密基地作りをする子どもたち

　7月のデイキャンプで、秘密基地のテント作りをしました。

　グループごとにいろいろ話し合い、試行錯誤して作っているようです。ガムテープをどの場所に貼ったらうまくくっつくのか、段ボールを家のように建たせるために長い棒で支柱を作り、支柱を支えるために発泡スチロールの塊に穴を空けている子どももいました。家でお父さんと考えたそうです。

　布をテントにしたグループは、小さなボールを布の中に入れて紐でくるくる巻いて棒とつないでいました。これはHちゃんが、以前キャンプに行ったときに覚えたそうです。

　家ができあがると、ランプやテーブルも作って設置します。バーベキューをするグループもありました。

　子ども達は経験したことや家で相談してきたことを、友だちとの話し合いのなかで伝え合い、それを基に秘密基地を作って1日中デイキャンプを楽しんでいました。

学びにつながる保育のポイント

自分の経験からイメージを膨らませて創り出す

テント作りのなかで、自分たちがこれまで経験したことや知っていることからイメージを膨らませて、自分たちなりに様々なものを創り出している姿が見られます。これは「表現」のねらい③「生活の中でイメージを豊かにし、様々な表現を楽しむ」につながるものです。自分の経験や家で相談してきたことを話し合うことで、自分たちらしい表現につなげています。

イメージ通りになるように試行錯誤し工夫する

自分たちのイメージを実現していくなかで、様々な素材に触れ、どうすればうまくイメージ通りになるかを試行錯誤したり、工夫したりしていくなかで、素材の特徴を感じたり、うまくいく方法に気づいたりしています。これは10の姿「豊かな感性と表現」に当たるでしょう。

援助のポイント 子どもたちの発想やイメージが広がるような声かけや環境づくりを

「感じたことや考えたことを自分なりに表現することを通して、豊かな感性や表現する力を養い、創造性を豊かにする」のが、領域「表現」です。そのため、事例のように子どもたちが創造性を発揮しながらイメージを形にしていくような遊びや活動が大切です。そのなかで子どもたちの発想やイメージが広がるような声かけや保育の展開の工夫などをすることが大切です。例えば、子どもたちが自由に組み合わせることが可能なさまざまな素材を、保育環境として用意するとよいでしょう。

子どもの主体性とは？

時代とともに変化する主体性の意味

　主体性という言葉は、西洋の歴史の中でさまざまな意味で使われ、論争の的になってきたものです。戦後日本で使われるようになったときにも、その意味をめぐって激しい論争（主体性論争）が行われました。

　現在では、その意味内容も現代社会にふさわしいものへと変わってきていて、主に「自分のすることはできるだけ自分で決める」、つまり行為の決定の主体となることという意味や、結果がどうなるかわからないけれども「やってみなければわからないのなら、やろう」という態度、つまり積極的な行為主体になること、あるいは人の意見や顔色を見てから行動するのではなく「正しいことだと思うこと、やりたいことを自己責任で行う」という責任を積極的にとる主体のような意味で、使われることが多くなっています。

　情報が多すぎる、また、人間関係を上手に処理しなければならない社会の中で、風評や世間体で行動しない、自己責任で行動する積極的な態度を身につけることはとても大切なことです。それゆえに、現代の教育・保育では、こうした態度すなわち主体性を身につけることの大切さが強調されているのです。

子どもたちの判断で行える環境を

　主体性を幼い頃から身につけるには、園でのさまざまな活動をできるだけ子どもたちの判断にまかせて行わせることが大切になります。大人はそうした意欲の生まれる「環境」を丁寧につくることが課題です。だからこそ「環境を通じた保育・教育」なのです。

Chapter 4

これからの保育で大切にしたい計画・評価、人材育成

保育所における保育・教育にとって大切な、「全体的な計画」「指導計画と評価」「人材育成」について具体的な園の取り組みから考えてみましょう。

これからの保育で大切にしたい計画の立て方と実践

保育の質の向上につながる保育実践の工夫

　平成29年の保育所保育指針の改定以降、改定の内容をどのように保育実践で活かしていくのかという検討が進んでいます。保育実践で活かす際に大切なことは、改定のポイントを保育の質の向上につなげていけるように活用することです。

　子どもへの理解をふまえて「育みたい資質・能力」「乳児保育の3つの視点」「5領域」「幼児期の終わりまでに育ってほしい姿（10の姿）」を計画にも評価にも結びつけていき、0歳児から5歳児への発達の連続性の中に位置づけ、保育の質の向上のために活用することが大切です。

全体的な計画と指導計画

　園には、全体的な計画と指導計画の2段階で計画を作成することが求められています。全体的な計画に基づいて、具体的な保育・教育が適切に展開されるように、子どもの生活や発達を見通した長期的な指導計画と、子どもの日々の生活に即したより具体的で短期的な指導計画を作成します。目標・ねらいをまとめたものが全体的な計画で、指導計画は長期的・短期的な子どもの状況などに応じて柔軟に変更を含めて展開するものです。

　また、これからは子どもの主体的な学びのために、子どもの姿を捉えて指導計画を立てることが特に大切になってきます。

Chapter 4　これからの保育で大切にしたい計画・評価、人材育成

計画と評価、人材育成

　保育・教育は、計画・評価・改善によって保育の質の向上を図ります。
　乳児保育は「育みたい資質・能力」と「乳児保育の３つの視点」を、１歳児以降の保育は「育みたい資質・能力」と「５領域」、さらに「10の姿」を踏まえて全体的な計画を編成し、指導計画を通してその実施状況を評価して改善を図ります。また、実施に必要な人的・物的な体制を確保し改善を図ることなどを通して、保育の質の向上を図ります。園内研修などの人材育成はその一環です。

これからの保育所の保育・教育のために

　これからの保育所では、保育の質の向上とともに、自園の目指す保育・教育を保護者や社会に伝えることも大切になってきます。そのためにも、計画・評価・改善を通して保育を言語化することは大切です。保育所として目指す保育・教育を、パンフレットなどを作成して保護者にわかりやすく伝える努力も必要となるでしょう。
　第４章では３園の実践を紹介します。子どもの姿をベースにした保育の仁慈保幼園、複数園を運営しながら保育・教育を組織的に探究する茶々保育園グループ、幼児教育の基礎をもちながら乳幼児期の教育・保育を探究するお茶の水女子大学こども園です。各園の実践を、これからの保育を考える参考にしていただければと思います。

事例 社会福祉法人 仁慈保幼園

子どもの姿をとらえた、子ども主体の保育の実践の工夫を紹介します。

法人の概要

〈名　　称〉　社会福祉法人　仁慈保幼園
〈施設の位置付け〉　認可保育所　3園
〈開設年月日〉　昭和2年5月
〈定　　員〉　343名　　〈職員数〉　90名

教育・保育の理念

「瞬間を豊かに生きる子どもを育み、葛藤を乗り越え、互いを活かしあい、学びの共同体を創造する。」を理念として保育をしています。

保育実践で大切にしていることに沿ったカリキュラムの検討

年齢別の評価ではなく、その「個」の発達の順序性に視点を置いて、保育を組み立てることを大切にしています。「その子どもにとって今、何が必要か？」という観点で、「発達の順序性」に沿って、個別にカリキュラムを設定します。

子どもたちが見ている世界を見る

「子どもたちが見ている世界を見る」ということに心を配り、園での生活の中で、人や物などと関わる子どもの姿を捉えて、子どもたちの興味や関心を理解し、必要な環境を整えます。

子どもの姿をよく観察し、身のまわりのものに興味を示す様子などを確

認します。「子どもが何に興味や関心があるか」「それはなぜか」などと考えながら、その子どもにとって必要な環境や援助を見出していきます。

保育者同士の対話、ウェブの作り方

　子どもについて保育者同士で対話を重ねます。複数担任の場合は全員で、または複数人で対話をすることで、それぞれの視点で気付きを共有でき、子どもについて共通認識を得ながら理解を深めることができます。

　また、「ウェブ」と呼ばれる概念図を利用して、対話の中で得た子どもたちの興味の対象や内容についての情報を具体的に記していきます。

　ウェブに書き出す際の方法は次の①～④のとおりです。

① **子どもについて語り合い、キーワードを導き出す**

　一人ひとりの子どもの姿を日々の記録（日誌、ドキュメンテーション、ポートフォリオなど）をもとに語り合い、「キーワード」を紙の中心に書き込みます。キーワードは、例えば以下の赤字をはじめ、いろいろと設定できるでしょう。

音　：扉の開閉音、生活音、くしゃみ、歌、声（高い、低い）、雨、など
感触：洋服のボタン、棚のねじ、ドアの桟、もこもこのラグ、など
風　：カーテンが風で揺れる様子、葉っぱが舞い散る様子、など
温度：おしぼり、ミルク、ドアの桟（ひんやり冷たい）、水、など
行為：めくる、つまむ、開く、シールをはがす、など

② **実際の活動と、今後予想される活動と環境を書き込む**

　ウェブを作成します。キーワードの周りに「そのテーマで実際に子どもがしている活動」「これから起きそうだと予想される活動」「必要になりそうな環境」を書き込みます。

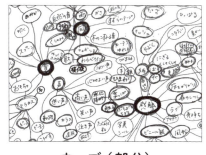

ウェブ（部分）

③ ウェブの内容を頭に置いて環境を構成し保育を行う

　書き出したウェブは、活動の可能性を示しています。ウェブの内容を頭に置いて保育を行い、子どもたちをよく観察します。子どもたちが実際には何におもしろさを感じ、何を求めているのかを考えていきます。

④ 振り返り、予想する。子どもの姿に合わせて計画は柔軟に調整する

　子どもの遊びや活動が盛り上がらないようなら、予想に固執せずに柔軟に環境と計画を変更していきます。保育者の予想と実際の子どもの興味の違いを知ることはとても大切です。保育を振り返りながら、①②の方法で再びウェブを作ります。

　①〜④を何度もくり返して行ううちに、子どもの姿を捉えられるようになり、子どもの思いに沿った予想ができるようになっていくでしょう。子どもたちと一緒につくる保育計画につながります。

子どもの育ちや学びを家庭と共有する

　ドキュメンテーションに毎日の子どもたちの姿を記録して掲示し、家庭と共有します。それによって、子どもの興味関心や育ちを保護者とともに喜び合い、家庭と園が同じ視線で子どもを見守ることができます。

　右画像のような、毎月の一人ひとりの子どもの育ちを記録するドキュメンテーションも作成します。育ちや学びが感じられた出来事や、子どもの姿を丁寧に具体的に記します。

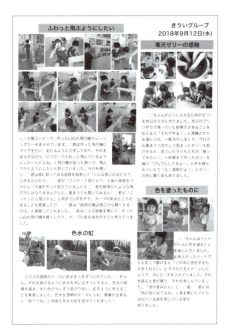

人材育成について

(1) 合同の園内研修

毎月1回、3園合同の園内研修会を行います。鳥取県と東京都とで離れているので、ネット中継で同じ内容を同時に研修できるようにしています。

研修はワークショップ形式で行います。研修テーマはその時々で検討が必要なテーマ（例えば、保育所保育指針の改定内容の理解、幼児期の終わりまでに育ってほしい姿の理解、行事について、ドキュメンテーションの書き方について、など）を設定し、保育者同士で対話を重ねていきます。

(2) 全園で方向性を共有する

複数園を運営する法人では、全園での方向性を共有することはとても大切です。子どもの姿の捉え方の基礎となる、保育者としての考え方を、保育者同士で対話することで確認していきます。

話し合う際には、テーマに沿ってそれぞれの意見を共有します。KJ法などで意見を可視化して分類しながら、お互いの意見を確認し、よりよい方向性を見出します。また、園の理念や保育方針に合っているかということも常に立ち返りながら確認し、話し合っていきます。

(3) 日頃から話して、悩みを共有する

毎日、朝と夕方に短い時間でも保育者同士が話し合うようにしています。朝はその日の保育内容の確認をしたり、夕方は保育の振り返りをしたりしています。保育を続けていると、どのように判断したらよいのか迷うことや、自分の保育に自信がなくなることもあります。そのような場合にも、悩みを1人で抱え込まないように、お互いに話しやすい関係を日頃から築くことが望ましいと考えています。

事例　社会福祉法人　あすみ福祉会（茶々保育園グループ）

保育所の保育・教育を、全16園で探究する実践の工夫を紹介します。

法人の概要

〈名　　称〉　社会福祉法人 あすみ福祉会（茶々保育園グループ）
〈施設の位置付け〉　認可保育所　15園、保育所型認定こども園　1園
〈開設年月日〉　昭和54年4月
〈定　　員〉　1573名　　〈職員数〉　585名

園のコンセプト

社会に開かれた園を目指し、園のコンセプトを「オトナな保育園」と表現し、ホームページやリーフレットなどで発信しています。

「オトナな保育園」

　保育園は小さな子どもが育つ場所です。
　しかし"幼稚な場所"にする必要はないと私たちは考えています。
　子どもは、大人の想像以上に能力や感性を備えている。
　そして大人も、充実した時間を過ごせたり、成長できてもいい。
　保育ってこういうこと。
　保育園ってこういう場所。
　そんな枠を外したら、新しい保育園の姿が見えてきました。

保育の理念

創立以来、「丁寧に寄り添い、子どもを一人の人間として尊重する」を理念として保育をしています。

全体的な計画、指導計画の立案について

　全体的な計画を立てる際には、子どものために必要なことは何かを考え「保育で大切にするポイント」「保育理念」「コンセプト」の3点を確認しながら「年度のキーワード」を設定します。

(1) 保育で大切にするポイントから保育方針を考える

　2018年度は保育指針改定の内容の理解をした上で、「21世紀の保育・教育に必要なのは子どもの学び」「保育所の保育・教育の特性は、養護と教育の一体化」の2点を大きなポイントとして設定しました。

　次に「なぜそのポイントが子どもに必要なのか」という視点で掘り下げていき、「0～2歳児の子どもは毎日が初めての出会いの連続です」などと、具体的な子どもの姿や保育者の姿をA3用紙20枚程度に書き出して整理し、保育方針を設定します。

　そうして、2018年度の保育方針は「学びは子どもの主体性で生まれる」「0～2歳児への養護があるからこそ認知・非認知の能力が生まれる」「子どもの心情・意欲・態度の体験をすることで、主体的学びを獲得し、人間性を磨き、人として成長することができる」と3つ設定しました。

(2) 保育理念とコンセプトの確認

　保育方針の内容が、園の保育理念「丁寧に寄り添い、子どもを一人の人間として尊重する」と園のコンセプト「オトナな保育園」をしっかりと体現できているかを確認します。

　このようにして、保育指針の改定内容、保育で大切にするポイント、園の理念、コンセプトの要素が反映された全体的な計画が出来上がります。

(3) 指導計画の立案について

　2018年度の保育方針は、全職員に共有されます。その上で指導計画の立案は、主任を中心に各年齢のクラスごとに、指導計画のフォーマットに月案、週案、日案を書き込んで行います。

その際に大切にするのは、それぞれの「子どもの育ち」と「子どもの姿」です。子どもたちの学びの意欲がどのように芽生えているのか、子どもたちの関心はどのように育っているのか、などの視点で捉えて計画立案します。

(4) 指導計画の見直しについて

毎日、1日の終わりにその日の保育を振り返ります。複数担任の場合は課題を共有しながら、その日の活動のよかった点や改善点を確認して、翌日の計画に反映させていきます。子どもの姿に丁寧に寄り添うことを、大切にしながら考えるようにしています。また、テーマごとに保育研究をして園内研修で発表する機会などもあります。

子どもの学びを公開する

子どもたちの学びを公開した取り組みとして、「いいね！ 縄文展」を紹介します。1グループの取り組みが異年齢の取り組みに発展し、保育者は指導計画を調整しながら子どもの学びを支えました。

以前、子どもたちが歩数に興味をもち、自分たちの歩数を距離に換算して、地図上で東京から日本列島を北上し青森を目指すというチャレンジをしました。そのゴール地点に三内丸山遺跡があったことから、子どもたちが縄文時代に興味を持つようになりました。調べてみると園の近くに古代遺跡があることがわかり、博物館を見学したり、縄文時代の暮らしを調べたり、製作したりするようになりました。その1年の取り組みを、園の玄関ホールの展示スペースに「いいね！ 縄文展」として展示し、子どもたちが構成を考え、子どもたちが案内し、保護者などに公開しました。

人材育成について

(1) アウトプットこそ育成

よりよい保育を目指して発展させるには、考えを伝え合うことが必要で

す。私たちの園では、職員のアウトプットを重視した研修を行っています。

(2) オープンソース

園を学びの場として活用してもらう、イベントの保

育スペースをお手伝いする、ラジオ番組に保育者が出演するなど、園を社会のオープンソースとして活用してもらいます。保育者が社会参加を通じて学べる機会です。

(3) 理念に沿った人事制度＆育成体系

人事理念である「頑張りやすい職場を作る」に基づいて、人事制度、育成体系を整え、必要な学びを提供できるように工夫しています。

人材育成体系と研修内容

「頑張りやすい職場を作る」という人事理念のもと、人材育成体系は4つの観点で組んでいます。

(1) 全員で共有する研修：年1回の「Chacha Culture Club」では保育者が自分の保育をプレゼンします。保育者同士が情報共有し、ロールモデルを見つけて自分でデザインする力を身につけていきます。

(2) スキル向上のための研修：「モンテッソーリ教育」「保育デザインゼミ」「しぐさゼミ」「木工ゼミ」など保育実践スキルを学びます。

(3) 個人成長の研修：新人保育者、主任、園長など、役職別に必要なスキルを学びます。

(4) マインドを向上させる研修：「男性保育士研修」「目標設定と管理」などの研修を行います。社会における保育士の在り方などについて、ワークショップ形式で学んでいきます。

事例 文京区立お茶の水女子大学こども園

子どもにとってよりよい教育・保育と、乳児期から幼児期の子どもの学びを探究する実践を紹介します。

こども園の概要

〈名　称〉　文京区立お茶の水女子大学こども園
〈施設の位置付け〉　保育所型認定こども園
〈開設年月日〉　平成28年4月　〈定　員〉　93名　〈職員数〉　32名

教育・保育の理念

豊かな体験や遊び、さまざまな人との関わりを通して、子どもたちが自分らしく育っていけるよう保育の日々を紡いでいきます。

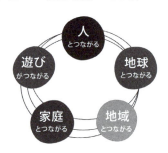

(1) つながる保育

乳幼児期の保育は、人格形成の基礎を培う重要な役割を担っています。「つながる」をキーワードに、「人・遊び・家庭・地域・地球」の5つのつながりを大切にして、子どもたちが豊かに育つ保育を構築します。

(2) 保育目標
- 十分に食べる、眠る、遊ぶ生活を過ごし、心もからだも健康な子ども
- さまざまな人との関わりを重ね、自分も友達も大切にする子ども
- 「やってみたい」という気持ちをもち、じっくり遊ぶ子ども
- 自然や文化との出会いの中で、心を動かし表現する子ども

全体的な計画、指導計画の検討方法について

日々の保育の相談、週案月案等の検討・立案、数か月に一度の振り返り、

年度末の振り返りなどの際には、「学年」「フロアー」「園全体」という3段階を踏み、皆で話し合えるように工夫しています。

意欲的な職員が多く、話し合いの時間を求める気持ちがあります。この意欲をそがないために、1日の中でそれぞれの学年やフロアごとに短時間でも話し合いの時間がもてるよう、主任保育士が調整しています。

乳児保育と幼児教育の連続性について

月1回の研究会は、全学年の保育者や看護師、栄養士が参加し、0歳児から5歳児までのエピソードを重ねながら検討するようにしています。

重なりを実感できるように、テーマに沿って保育者が事例を持ち寄ります。

(1) エピソードの重なりの例
- テーマ:雪で遊ぶ姿
- 共通する姿:喜びの表情　踏みしめて歩く
- 年齢によって違う姿:雪だるまに抱きつく(1歳児)
　　　　　　　　　　　雪の中に座り込む(3歳児)
　　　　　　　　　　　友達と力を合わせてカマクラを作る(5歳児)

(2) 研究方法

大切にしたい保育の在り方について、乳児期から幼児期へとつながる育ちについて、子どもの写真を見せ合うなど、子どもの表情や体の動きにも注目しながら話し合う。

指導計画のPDCAについて

(1) 保育のプラン(P)の立て方

クラス担任の2名の保育者で話し合い、年間や月の指導計画を日々の保育でどのように具体化するかを考えます。

このとき大事にしているのが子どもの実態です。興味や関心は何か、情緒は安定しているか、保護者の状況など、多面的に実態を捉え、子どもの

新しい姿を見出すことに目標をおきます。

(2) プラン（P）を実行（D）する上で気をつけていること

　保育の計画は、子どもたちの興味や関心を引き出し、多様な取り組みが広がるように、子どもたちの動きを見ながら立てています。

　実践すると、予想した姿とは違う子どもの姿が出てくることもありますが、これは子どもたちの心が動き、子どもたち自身の動きが引き出されたということで喜ばしいことです。保育者が、目の前で起こった子どもの思いがけない姿に喜び、少しあたふたしながら、保育を組み立てることは、まさに対話的・応答的な保育だと思います。

(3) 保育後の振り返り（C）は、どのように行うか

　子どもが帰った後に、環境を整えながら、子どもたちの遊んだ名残を見返し「今日あったことを思い返す」ことは振り返りの大事な一歩です。保育中には気付かなかったことに気付いたりします。

　保育後の振り返りは時間を決めて行います。気がついたことを書き出すほか、子どもが作ったものや保育中に撮影した画像などの具体物に基づいた記述を行います。また、担任同士で、他学年の担任と、主任となど、さまざまな形で話し合います。

(4) 見直しをして、さらに行動（A）へ移す！

　保育は「行為」です。やってみることが何よりも大切です。マイナス面に捉われる振り返りをすると、「もうやらない！」という結論に至ってしまう場合がありますが、すぐにやめてしまわずに、課題点を改善して行ってみると、子どもたちの動きが変わることに気付くことができるでしょう。

園内研修についての園内における取り組み

園内研究会：月1回、18時20分から19時40分頃まで実施
外部の研究会や研修会：参加を奨励
お茶大こども園フォーラム：年1回開催。外部からも参加可能な講習会で

保育実践や環境について提案し参加者と語り合う時間をもつ
共同研究：お茶の水女子大学内の幼稚園等、関東学院六浦こども園と実施
ポスター発表：日本保育学会などで参加

研修の内容

(1) 子どもに向き合い成長していく保育者になる

　日々の保育の中で自分で行う研修（自己研修）を大切にしています。

　小さな気づきにより、自分が少し変わります。自分が少し変わったことで、保育が変わり、子どもが変わるのです。その手応えを実感したとき、自分で考える力が身につくでしょう。

　教材研究的な研修でも、そのことを通して「おもしろい！」と心を動かすことで、身近な教材への好奇心が生まれるでしょう。

(2) 保育のあり方について事例をもとに語り合う

　事例や自分の体験談を持ち寄り、今までとは違う見方で子どもの行為を理解し、「当り前」を見直します。

　「①現状（子どもの姿・環境や援助の実際・良い面と悪い面、等）を正しく把握する」「②捉えられた現状の底にある、子どもの実態を知り、子どもの内面理解を深める。保育を省察する」「③省察で得られた理解をもとに、改善策について具体的に検討する」という保育におけるPDCAを大切にしています。

(3) 保育者自身の迷いも大切に

　園内研究会等で振り返りを行う際には、保育者自身に〈迷い〉や〈行き詰まり〉があることを認めつつ、公平性を保ち、違う意見が出ることを奨励する環境で「〇〇っていうこともあるんじゃない？」「△△な姿もあったよね」といった別の視点とも出会えるようにします。

編者紹介

無藤 隆（むとう たかし）
白梅学園大学大学院特任教授
お茶の水女子大学生活科学部教授、白梅学園大学学長、白梅学園大学大学院子ども学研究科長を経て、現職。
平成29年告示に際しては、文部科学省中央教育審議会委員・初等中等教育分科会教育課程部会会長として『学習指導要領』『幼稚園教育要領』の改訂に携わる。また、幼保連携型認定こども園教育・保育要領の改訂に関する検討会座長として『幼保連携型認定こども園教育・保育要領』の改訂に携わる。

汐見 稔幸（しおみ としゆき）
白梅学園大学・白梅学園短期大学名誉学長
東京大学名誉教授
日本保育学会会長
東京大学大学院教育学研究科教授、白梅学園大学子ども学研究科教授を経て、現在に至る。
平成29年告示に際しては、厚生労働省社会保障審議会児童部会保育専門委員会委員長として『保育所保育指針』の改定に携わる。また、幼保連携型認定こども園教育・保育要領の改訂に関する検討会副座長として『幼保連携型認定こども園教育・保育要領』の改訂に携わる。

● 著者（執筆順）

塩谷 香（國學院大學教育開発推進機構教授）　担当：Chapter2　POINT1
矢藤誠慈郎（岡崎女子大学子ども教育学部教授）　担当：Chapter2　POINT2
松永静子（秋草学園短期大学地域保育学科教授）　担当：Chapter3　POINT1
大方美香（大阪総合保育大学児童保育学部教授）　担当：Chapter3　POINT2
瀧川光治（大阪総合保育大学児童保育学部教授）　担当：Chapter3　POINT3

● 取材協力（掲載順）

社会福祉法人仁慈保幼園
社会福祉法人あすみ福祉会（茶々保育園グループ）
文京区立お茶の水女子大学こども園

新保育所保育指針対応！
イラストと事例でわかる！
保育所の子どもの「学び」まるごとガイド

2019年4月25日　初版発行

編　者	無藤 隆・汐見稔幸
発行者	佐久間重嘉
発行所	学 陽 書 房
	〒102-0072　東京都千代田区飯田橋1-9-3
営業部	TEL 03-3261-1111／FAX 03-5211-3300
編集部	TEL 03-3261-1112
	振替口座　00170-4-84240　http://www.gakuyo.co.jp／

ブックデザイン／スタジオダンク　イラスト／すぎやまえみこ、みやれいこ　DTP制作／越海辰夫
編集協力／平賀吟子　印刷・製本／三省堂印刷

© Takashi Muto,Toshiyuki Shiomi 2019,Printed in Japan.　ISBN978-4-313-66065-6 C0037
乱丁・落丁本は、送料小社負担にてお取り替えいたします。
定価はカバーに表示してあります。

|JCOPY|〈出版者著作権管理機構　委託出版物〉
本書の無断複製は著作権法上での例外を除き禁じられています。複製される場合は、そのつど事前に出版者著作権管理機構（電話 03-5244-5088、FAX03-5244-5089、e-mail: info@jcopy.or.jp）の許諾を得てください。